器以载道

山东博物馆 编

ANCIENT STYLE AND
NEW CONNOTATION

AN EXHIBITION OF
LATE-PERIOD BRONZE
WARE IN SHANDONG

山东晚期铜器的古意与新义

上海古籍出版社

编委会名单

主　　任　刘延常

副 主 任　卢朝辉 张德群 王勇军 高震

委　　员　（按姓氏笔画排序）

于　芹　于秋伟　马瑞文　王　霞　王海玉

左　晶　庄英博　孙若晨　孙承凯　李　娉

李小涛　辛　斌　张德友　陈　辉　庞　忠

姜惠梅　徐文辰　韩　丽

主　　编　刘延常

执行主编　布明虎

审　　校　庄英博　周婀娜　布明虎　周　坤　滕　卫　王冬梅

刘安鲁　韩敏敏　李　思　吴思羽　刘玉静

展品辅助　吕　健　孙艳丽　鲍艳囡　孙　芳　范菲菲

形式设计　徐文辰　陈　阳　史　源

版式设计　周　坤

文物摄影　阮　浩　刘晨祥

宣传讲解　周　满　张　玥　张超群　姜欣弟　马翔宇

文物保护　鲁元良　黄瀚东　任　伟

英文翻译　李小涛

"文物承载灿烂文明，传承历史文化，维系民族精神，是老祖宗留给我们的宝贵遗产"。在奔涌向前的历史长河中，中华民族以其璀璨夺目的文明之光，照亮了东方世界，五千年的深沉积淀，如同不竭的清泉，滋养了无数文化瑰宝。

一

在这浩瀚的文化星空中，青铜器以其独特的艺术魅力和深厚的文化底蕴，成为了中华文明的重要载体。青铜器源起于史前，兴盛于商周，在国家礼仪和社会生活中历来扮演着重要角色，是支撑中华文明连续性极为重要的文化基因。自北宋时期金石学盛行以来，山东地区一直是金石学收藏、研究的重要区域。商周以来有铭文的铜器和石刻文字，进入了收藏、研究者学者的研究视野，成为金石学的主要研究对象。金石学盛行之风与中国历来传统的慕古、复古之风相长，激发了人们对于仿古铜器礼仪化和铸造赏玩的需求，也推动了仿古、新古、集古铜器的发展。

二

晚期铜器的功能与青铜时代的青铜器"在祀与戎"不同，同时在器类、形制、纹样、工艺、铭文等多个方面存在显著差异，而且在成分上，晚期铜器的铜、锌、铅含量比例不同，不含锡或者含锡极少。在组合和使用场合上，晚期铜器也有了更加多样化的使用。其中，宋代铜器以生活器具为主，元代铜器更加注重实用功能，而明代铜器略显粗糙，清代铜器则融入了更多的装饰性与文化象征。

"道以成器，而器以载道"，器以载道是中国传统造物的意境，讲究通过形态语言，传达出一定的趣味和境界，体现出一种审美愉悦。这一理念，在山东古代铜器中展现得淋漓尽致。这些铜器，以其独特的造型、繁复的纹饰和清晰的铭文，传递着古人的智慧、审美与哲思。它们不仅是历史的见证者，更是文化的传承者，在与今人进行跨越时空的心灵对话中，让我们得以窥见古人的精神世界。

三

山东博物馆精心策划的"器以载道——山东晚期铜器的古意与新义"专题展览，通过学术研究与现代表达的融合，系统梳理宋、元、明、清时期铜器的文化脉络。展览突破传统"仿古"或"维新"的单一视角，聚焦复古传统与当世创新的双重维度，分为"仿古""新古""集古"三大单元，以 230 件（组）涵盖宋、元、明、清四朝的精品铜器为载体，生动展现了晚期铜器从神圣的礼器到世俗生活器具的演变轨迹。

展览通过现代展陈语言，揭示晚期铜器中"守正出新"的文化基因，既彰显礼仪之邦的深厚文脉，又以古今对话的形式为观众架起传统与现代的文化桥梁，勾勒出中华文明在传承中演进的精神图景。

四

博物馆做展览就是让文物说话，把历史智慧告诉人们。本书作为"器以载道——山东晚期铜器的古意与新义"展览的进一步延续，以四个精心设计的单元，从"传承创新"到"执古求新"、从"推陈出新"到"集古铸新"，每一个单元都深刻挖掘其形制、功能和文化象征上的演变，研究阐释铜器与文化、社会、人之间的内在联系，全面呈现了山东晚期铜器的历史价值和文化内涵。山东，作为儒家文化的发源地，其深厚的文化底蕴滋养了铜器艺术的不断发展。我们通过"儒、释、道、天、地、人"和合共生这一独特视角，将山东晚期铜器进行串联，展现了浓厚的地域文化，为读者绘制了一幅幅生动鲜活的历史长卷。

书中还特别附设了"探索知新"这一单元，收录了四篇具有前瞻性和创新性的学术论文。这不仅为晚期铜器的研究提供了新的视角与思路，还展示了当今学术界在这一领域的深入思考。研究文章为本书增加了学术厚度与深度，增强了专业性和可读性。

这些历经岁月洗礼的晚期铜器，不仅承载着古代文化的智慧，也通过时代的变迁，展现出中国传统工艺和审美的不断发展和创新。通过对晚期铜器的研究、阐释、展示，连接传统与现代和对传统文化的传承与弘扬，彰显了博物馆新的文化使命担当。

最后，特别感谢我馆的策展团队，他们认真负责、执着追求、团结拼搏，不到两年的时间就成功举办了一个展览、召开了一场学术会议、出版了一本图书，很好地贯彻了"学术立馆"理念，挖掘馆藏资源优势，加强藏品研究、阐释、展示与弘扬，为广大人民群众呈上了一道美味的文化大餐。借此机会，向为山东晚期铜器研究、展览展示、图书出版给予指导帮助的专家——苏荣誉、马今洪、王屹峰、胡嘉麟、俞珊瑛致以真诚谢意。

山东博物馆党委书记、馆长

刘延常

目录

启篇

传承创新

　　北宋时期，经济和文化日益繁荣，迎来了古代文化发展的又一新高潮。随着传统经学的兴起，史学、古文字学和书学等领域的不断发展，文人士子对古文献和器物的研究热情空前高涨。特别是对古代青铜器和石刻碑碣的研究，成为"金石学"的主要内容。金石学的盛行与中国历来的慕古复古之风相辅相成，这不仅激发了人们对仿古铜器礼仪化和铸造赏玩的需求，还推动了新古铜器的发展，从而使仿古之风应运而生。慕古之风和仿古的盛行，不仅是对古代传统的继承与复兴，更是在新的历史条件下对道统精神的创新与继承，让古代的道统精神在宋代社会中焕发出新的生命活力，并为后世的文化发展奠定了坚实的基础。本书以四件商周时期的青铜器为引子，揭开晚期铜器发展的新篇章。

父己铜簋

商
高 16.3 厘米，口径 12.4 厘米
山东博物馆藏

圆侈口，卷沿，鼓腹，腹两侧置兽首耳，下垂方钩状珥，圜底，圈足。
腹上部及圈足饰兽面纹，内底有铭文"父己"。

作宝尊彝铜鼎

西周
高 55 厘米，口径 40.2 厘米
山东博物馆藏

双立耳，折沿方唇，深腹，腹壁微鼓，最大腹径在腹底交界处，圈底，下承三蹄足。口沿
下以扉棱为中心饰兽面纹，三足上部亦饰兽面纹及扉棱。

史夐铜簠

周

高 17.1 厘米，口长 29.1 厘米，宽 23 厘米

山东博物馆藏

长方覆斗形。窄平沿，方唇，斜直腹，有双环耳，平底，长方形圈足外侈中间有缺口。器身饰卷体夔纹，足部饰目雷纹。器身有铭文"史夐作旅簠，其永保用"。器身锈色浑然天成，铭文铸造清晰，当为原器。器盖锈色过渡不自然，铭文有明显的刻划痕，盖底足内尚保存范土，推测可能是根据器身制模铸造而成。

虢叔旅铜钟

西周
高 16.6 厘米，宽 10 厘米
山东博物馆藏

管状甬，阔旋，方宽干，合瓦形体，
侈铣，钲饰三排乳状长枚。甬饰波
曲纹，旋饰窃曲纹，舞饰象鼻夔纹，
篆间饰窃曲纹，正鼓部饰象鼻夔纹，
正面鼓右饰鸾纹。铸有十七字铭文。

盛典

执古求新

　　"执古求新"强调对古代器物的模仿和再创造，其不仅体现了晚期铜器对古代文化的传承，还出现了新的发展和改变。宋元明清时期，对先秦三代铜器的仿制与再创造，不仅是对铜器铸造工艺和技艺的传承，还彰显了铜器在儒家文化和祭祀礼仪中的重要作用。这些仿古铜器作为儒家文化的重要载体，在各类祭祀礼仪中扮演着不可或缺的角色。本单元通过文庙、孟庙、周公庙、岱庙等七个小节，向观众展现了不同历史时期和文化背景下晚期铜器的独特意义。

大成礼乐

　　文庙，即孔庙，自公元前478年起成为纪念孔子的神圣场所，随着时间演进成为儒家思想的传播中心。特别从唐代起，孔庙与儒家教育体系紧密结合，到了宋代更是发展出"庙学合一"的模式。明清时期，文庙的地位愈加显赫，成为儒家文化与国家意识形态融合的象征。文庙不仅是祭祀孔子的场所，更是儒家文化精神的象征，其通过祭祀活动，将"治统"与"道统"有机结合。文庙见证了儒家文化的深远影响，成为社会伦理、教育与文化传承的重要基石。文庙中的祭祀礼乐，不仅体现了儒家文化的核心精神和礼乐制度传承，更展现了中华文化的连续性与强大生命力。

孔庙礼器图 转引自（清）蒋元枢《重修台郡各建筑图说》[1] 台北故宫博物院藏

1：吴诵芬编辑：《万世师表 书画中的孔子》，台北故宫博物院，2017年，第118页。

三足铜鼎

宋

高 30.8 厘米，口径 36.8 厘米

孔子博物馆藏

整体呈半球形。圆口，宽斜沿，方唇，双附耳，弧腹下收，圜底，三蹄足。口沿下饰一周窃曲纹。也有专家认为此器时代属西周时期。

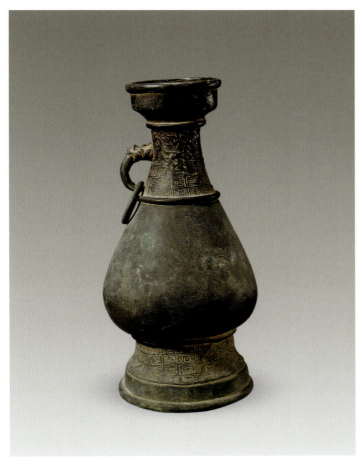 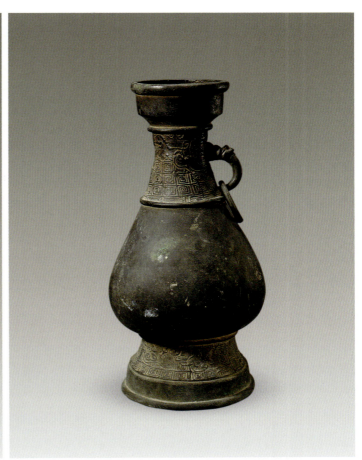

云雷纹兽首衔环耳铜瓶

元

高 40 厘米，口径 11.5 厘米

孔子博物馆藏

共 2 件。盘口，束颈，颈部有一衔环耳，垂腹，高圈足，沿外撇，有裙边。颈部及圈足上
方环饰一周云雷纹。惜两瓶各缺一耳。

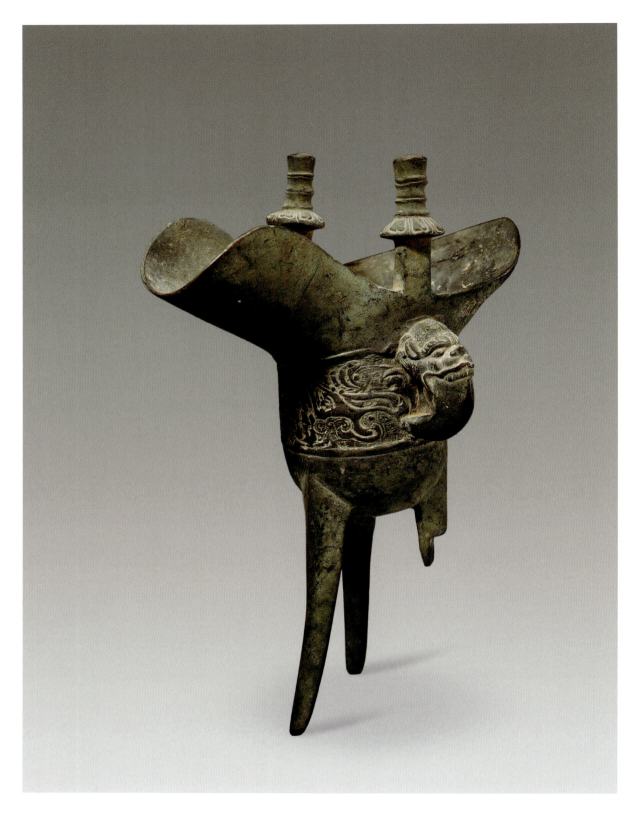

正统丁巳兽面纹铜爵

明 正统

高 24.8 厘米，口宽 8.8 厘米

孔子博物馆藏

侈口，圆流上折翘起，尖尾斜侈。近流折处立高伞状双柱，深腹，腹一侧置夔龙衔尾鋬，圜底，三棱足外撇，惜一足残缺。腹部饰一周兽面纹，流下铸有铭文"正统贰年丁巳阙里造尼山书院"。

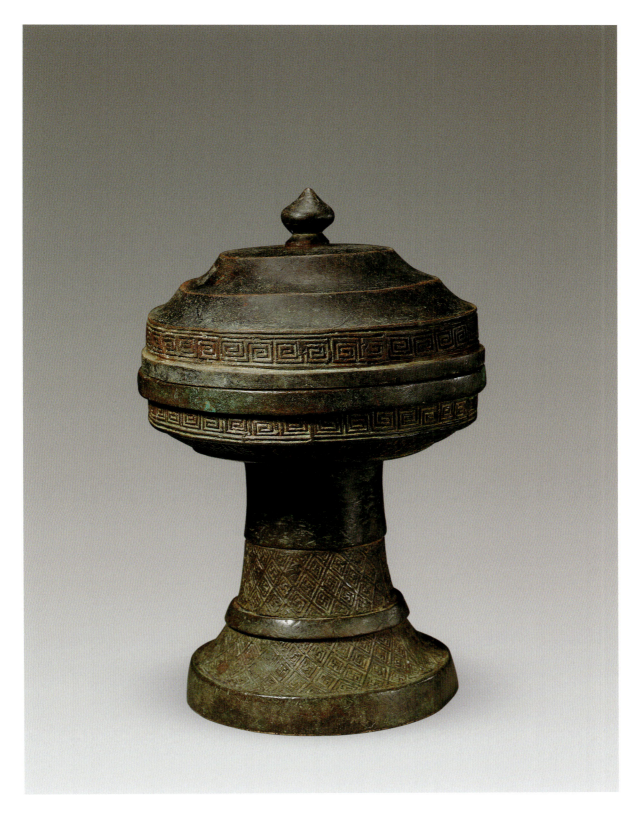

成化乙巳⻖字纹铜豆

明 成化

高 27.5 厘米，口径 17.6 厘米

孔子博物馆藏

器身为浅圆盘，圜底近平，粗柄，喇叭形圈足。器盖上铸桃形钮，双层内收。器身口沿及盖口沿处各饰回纹一周，圈足处饰⻖字纹。盖沿处铸有"孔庙祭器"铭文，柄部铸有"大明成化乙巳春三月吉监察御史莆田林诚敬造嘉兴知府金溪徐霖督工"铭文。

成化二十三年夔龙纹方鼎炉

明 成化

高 74 厘米，口长 73 厘米，口宽 50 厘米

孔子博物馆藏

长方体，宽平沿，厚方唇，两短边有立耳，斜直腹，平底，底部有四柱足。腹部拐角处各有扉棱，以雷纹为地，正面和背面饰变形夔龙纹和卷云纹，两侧饰卷云纹。足上部雕饰兽头。正面唇外侧铸有"宣圣庙"铭文，背面唇外侧铸有"明成化二十三年七月吉日造"铭文，两侧中间有多行楷书铭文，内容为地方官吏名称，从左至右依稀可辨为"兖州府知府泾阳赵兰 曲沃郑恭 天台潘祯 □□ 刘璋 白水侯恂"等，磨损严重，似可与弘治二年铜方鼎炉官吏人名相互印证，边沿下有"浙江嘉善铸匠王谟王全"刻款。

弘治二年兽面纹铜方鼎炉

明 弘治
高 33.1 厘米，口长 27.5 厘米，口宽 19.2 厘米
孔子博物馆藏

长方体，薄方唇，窄平沿，两短边有立耳，斜直腹，平底，下承四柱足。腹部拐角处有扉棱，前后以回纹为地，上饰兽面纹。鼎身四面皆有铭文，正面居中为"钦差巡抚山东地方督察院右金都御史钱塘钱钺"。背面居中为"弘治二年捌月吉日"。左右为山东布政使、按察使官吏，左面由左及右共 9 人，为"巴陵谢纲 河间朱瓒 锦城赵鹤龄 副使关中阎仲宇 山东按察司按察使白水侯恂 佥事天台潘祯 闽中廖中 河东普晖 大兴宋礼"；右面由左及右共 8 人，为"河东韩文 山阳沈纯 左参政会稽何鉴 左布政使蠡吾王道 山东布政司 右布政使河东吴珉 右参政河东张岫 右参议彭城金钟"。

正德丁丑兽面纹铜簠

明 正德

高 21 厘米，口长 23.4 厘米

孔子博物馆藏

圆角长方体，子口，折沿方唇，腹壁内折下收，腹部左右各铸有一对兽首形耳，前后两侧口沿处有兽首卡扣。矩形圈足，两面开有矩形缺口。盖顶有四棱。器身以雷纹为地，周身饰兽面纹，足上半部饰龟背纹。盖纹饰与器身一致。足正中有"知府罗凤督造"铭文。盖顶正中有"阙里祭器 正德丁丑冬吉 知府罗凤督造"铭文。

正德丁丑兽面纹铜簋

明 正德
高 23 厘米，口长 25 厘米
孔子博物馆藏

整体呈椭圆形，敛口，折沿方唇，弧腹，腹两侧有双兽耳，圜底，圈足外撇下折成阶。盖顶有四棱。器身以雷纹为地，饰变形兽面纹，圈足上半部饰龟背纹，盖纹饰与器身一致。圈足正中有"知府罗凤督造"铭文。盖上有"阙里祭器 正德丁丑冬吉 知府罗凤督造"铭文。

明兖州知府罗凤督造祭器记事碣拓片（孔子博物馆藏）

康熙五十二年鎏金八卦纹编钟

清 康熙
高 31 厘米，舞径 17 厘米，铣径 17 厘米
孔子博物馆藏

整套编钟共 16 口，形制和大小均相同，配以双龙钮，鼓形身，平舞，乳钉状枚，平口，通体鎏金。钟篆饰八卦纹，鼓部饰圆饼，每枚钲间铸律吕名称，有"黄钟、大吕、太簇、夹钟"等，背面铭文"康熙五十二年制"。

雍正庚戌铜簠

清 雍正

高 20 厘米，口长 26 厘米

孔子博物馆藏

长方覆斗形，侈口，平折沿，方唇，腹斜收，腹侧一对夔龙形耳，平底，长方形足外撇，足正中各有一莲瓣形缺口。盖与器身同，顶边铸有波曲状钮，上附二环形耳。腹部饰重环纹、变形夔龙纹，足饰云纹，盖身饰变形夔龙纹。器内底铸"大清雍正庚戌年造"铭文。

雍正庚戌铜簋

清 雍正

高 23 厘米，口径 23.1 厘米

孔子博物馆藏

器身整体呈椭圆形，子母口。器口作子口，直腹，双夔凤耳，圜底近平，椭圆形圈足与器盖，盖顶有四棱。腹部饰回纹、几何纹、瓦棱纹，足饰波曲纹、星云纹和重环纹等。盖顶饰云龙纹，外环一周回纹。器口沿处铸"大清雍正庚戌年造"铭文。

雍正庚戌铜豆

清 雍正

高 26.2 厘米，口径 15.2 厘米

孔子博物馆藏

整体呈扁球形，子母口。器口微敛，作子口，直腹，平底，粗柄，柄下部一周宽圆凸起，喇叭形高圈足，有裙边。盖隆，顶有绚钮。腹部饰如意纹、重环纹，柄饰鳞纹，足饰波曲纹，盖饰鳞纹和重环纹。豆盘内底铸有"大清雍正庚戌年造"铭文。

雍正庚戌铜铡

清 雍正

高 26 厘米，口径 16.3 厘米

孔子博物馆藏

整体呈椭圆形，子母口。器口微敛作子口，深直腹，双牺耳，平底，下承三云状足。盖弧隆，顶有三峰。器口至腹部饰藻纹、雷纹和龟背纹。足部饰云纹。盖钮饰云纹，盖顶饰云纹，中为涡纹；盖饰藻纹、雷纹、菱形"卐"字纹。器口沿正中铸有铭文"大清雍正庚戌年造"。

雍正庚戌铜爵

清 雍正

高 25.3 厘米，长 20.8 厘米

孔子博物馆藏

长流上翘，截面呈大半圆弧的元宝形。流口中立伞状双柱，圆筒形腹，腹侧设龙形鋬，圜底近平，三棱锥形足外撇。柱帽上饰涡纹，腹部饰一周雷纹衬地的变形兽面纹。口沿处铸有铭文"大清雍正庚戌年造"。

铜豆

元

高 18.5 厘米，口径 21.9 厘米

山东博物馆藏

深圆盘，方唇，直壁，平底，粗柄中部有箍，喇叭形底座，有裙边。豆盘外部饰变形环带纹，柄上部饰波纹，柄下部回纹地上饰兽面纹。盘内底刻有"中大夫济南路总管张泽监造司吏翟智"铭文。

铜象尊

元 至元

长 42 厘米，高 25 厘米

滨州市滨城区博物馆藏

器作象形，四足直立，鼻上卷，圆眼上挑，耳下耷，短尖牙，腹中空，背部上方有圆形口，尾下卷，器盖在腹内暂无法取出。器身铸人字形带饰，腹底铭文依稀可辨为"济南路滨州府造文庙祭器，至元丁丑冬监造□□□□□赵文□□此□□□□"。

至元三十年铜钟

元 至元
高 80 厘米，底径 60 厘米
青州市博物馆藏

蒲牢钮，圆肩，收腹，喇叭状口，平底。肩部和腹部饰三周乳钉纹，腹部分四面，各铸飞龙戏珠，左侧飞龙尾处饰祥云。底部饰八卦符号，口沿饰回纹。正面刻铭文"大元至元三十年岁次癸巳夏四月日益都路府学置作头张镇造"。

临邑文庙

　　临邑文庙始建于宋崇宁元年（1102），距今已有九百余年。作为一座集庙学功能于一体的建筑，它曾多次遭遇兵燹，最终毁于抗战时期。现如今，文庙的原有建筑群早已不复存在，仅在县志中留存有一幅"学宫图"及部分文字记载，成为其辉煌历史的见证。文庙的祭祀礼器也已散失各地，目前在山东省内仅发现 9 件明成化年间临邑县文庙的祭祀礼器，包括 2 件铜簠和 7 件铜豆。

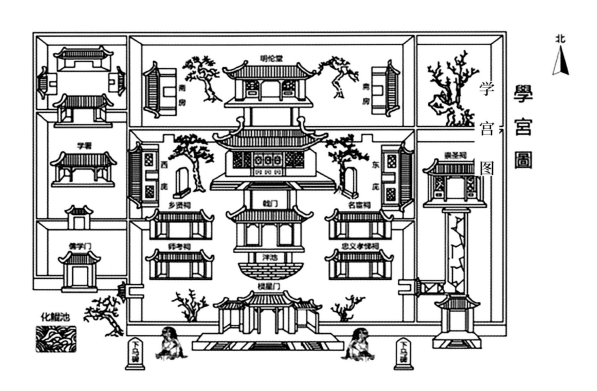

成化癸巳兽面纹铜簋

明 成化
高 13 厘米，通长 21 厘米
山东博物馆藏

共 2 件。全器由器盖器身两部分组成，皆为长方斗形。方形口，腹部下收，双简化夔龙耳，双兽钮卡扣，四曲尺形足，盖顶置波形冠钮，钮旁有双绳纹耳。腹部有纹饰两层，依次饰回纹和凤鸟纹。钮饰以海水纹，下以云雷纹为地饰凤鸟纹，再下为回纹一周。腹铸有"成化癸巳秋月临邑知县太原王启"，底铸有"成化癸巳秋月临邑县生员钟义"。

另一件除尺寸、铭文有别，其余一致。高 12.5 厘米，口长 16.6 厘米，口宽 13.5 厘米。上部铸有"成化癸巳秋月临邑知县太原王启"，下有"成化癸巳秋月林县县丞周尚文"，外刻有"生员周庶"。

成化癸巳海水瑞兽纹铜豆

明 成化

高 20.5 厘米，口径 14.7 厘米

济南市博物馆藏

豆盘为直口，浅腹，圜底，柄较粗，喇叭形高圈足，盖隆起，顶置绳纹钮。盘外壁口沿下饰回纹带一周，有三棱脊间格。柄饰海水瑞兽纹。足饰蕉叶纹。盖饰海水瑞兽纹。柄铸有"成化癸巳秋月临邑知县太原王启"，盖铸有"知县太原王启"。

成化癸巳兽面蕉叶纹铜豆

明 成化

高 14.5 厘米，口径 14.7 厘米

青岛市博物馆藏

共 3 件。豆盘为直口，浅腹，圜底，柄较粗，喇叭形高圈足，盖已缺失。盘外壁口沿下饰回纹带一周，有三棱脊间格。柄通体回纹地饰对称变形兽面。足饰一圈变形蕉叶纹。柄两边铸有楷书铭文"成化癸巳秋月临邑县环县知县赵相"和"生员董纯"。另外两件除铭文有别外，其余一致。

成化癸巳飞禽纹铜豆

明 成化

高 14.5 厘米，口径 14.7 厘米

青岛市博物馆藏

共 3 件。豆盘为直口，浅腹，平底，柄较粗，喇叭形高圈足。盘外壁回纹地饰飞禽纹，有四棱脊间格。柄和足上回纹地饰对称变形兽面，中间有楷书铭文"成化癸巳秋月临邑县教谕三山徐安"。另外两件除铭文有别外，其余一致。

成化二十一年海波纹铜簋

明 成化

高 9.5 厘米，口长 17 厘米

青岛市博物馆藏

椭圆形。直口，双兽首附耳，高圈足。口沿下一周纹饰带由耳分割为两部分，一部分饰回纹，另一部分铸铭文为"成化二十一年东昌府知府杨造"。下腹及器底饰海波纹。高圈足外饰回纹。

兖州府学文庙

　　兖州府学文庙的创立由来已久。据《兖州府志》记载，唐大中十三年（859）兖海观察使刘莒创建，宋景祐三年（1037）孔道辅守兖革陋增崇，同知泰宁节度使赵袭重修。元至元二十三年（1286）知府马琰重修。明洪武十八年（1385）改建于府治之北。此后，历经多次扩建、重修。1946年国民党守军占用文庙旧有殿宇储存军火。1948年固守军失慎致使弹药爆炸，兖州府学文庙成为一片废墟，消失在历史的长河中。

　　1996年12月，在济宁市兖州城区九州东路东御桥小学门前发现了一处明清时期兖州府学文庙祭祀礼乐器窖藏，共出土器物404件（套），包括384件礼仪器物和20件乐器，再现了兖州府学文庙的辉煌历史，而其出土的礼乐器，则直观地展现了儒家礼乐传统在明清时期的延续和社会文化审美的演变。

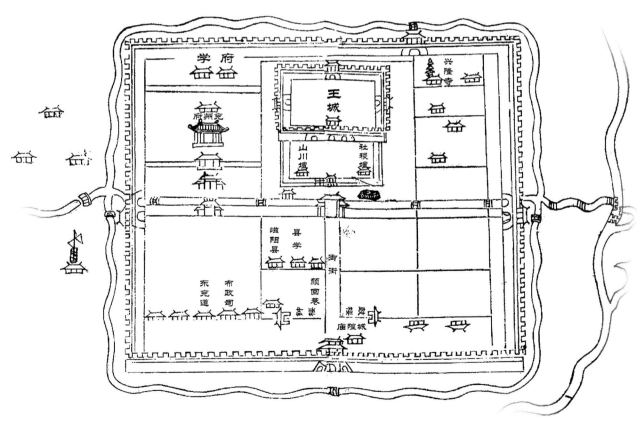

兖 州 府 城 图

兖府文庙铜簋

明

高 13.5 厘米，长 20.2 厘米

济宁市兖州区博物馆藏

椭圆形。平沿，方唇，浅弧腹，双环耳，底部近平，下承四片状云头足。腹部通饰龟背纹。足外侧饰卷云纹，内侧素面。器底中心长方形框内铸有阳文楷书"兖府文庙祭器"。器盖与器身的形制、纹饰、大小、铭文基本相同，上下对称，合起来为一体。

兖府文庙铜簠

明

高 7.8 厘米，长 19.8 厘米

济宁市兖州区博物馆藏

长方形。直口，方唇，直壁向下斜成盝顶式，平底，下承四片状云头足，其中两足因锈蚀缺失。器壁四面饰龟背纹。足外侧饰卷云纹，内侧素面。器底中心处铸有阳文楷书“兖府文庙祭器”，铭文因锈蚀不甚清晰。整器锈蚀严重，器底锈蚀有两处孔洞。

成化丁未铜豆

明 成化

高 25 厘米，口径 14.8 厘米

济宁市兖州区博物馆

共 2 件。豆盘为圆口，方唇折沿，浅腹，平底，柄较粗长，圈足，底沿外折，柄中空，盖隆起，顶置宝珠形钮，盖沿内侧均匀分布三齿。腹和柄饰龟背纹。足饰回纹。盖为素面。柄铸有阳文楷书"大明成化丁未三月吉日山东兖州府知府赵兰造"，盖铸有阴文楷书"兖府文庙祭器"。

另一件基本相同，区别在于腹部和柄部纹饰为菱形卍字纹，铭文处为留白。

成化丁未铜镫

明 成化

高 26.4 厘米，口径 14.6 厘米

济宁市兖州区博物馆藏

盘为直口，方唇折沿，深腹，平底，钟形足，底沿外折，足与腹之间有细柄，盖隆起，顶附宝珠形钮，盖沿内侧均匀分布三齿。器腹外壁饰三层云雷纹。柄上有一周箍棱。足上部饰有菱形卍字纹，下部饰蔓枝纹。盖为素面。足铸有阳文楷书"大明成化丁未三月吉日山东兖州府知府赵兰造"，盖铸有阴文楷书"兖府文庙祭器"。其中"祭器"二字不清晰。

另一件基本相同，尺寸略有区别：高 27 厘米，口径 15.4 厘米；器腹外壁以雷纹为底，饰三组云纹，云纹以竹节状扉棱为界对称展开；盖沿饰有龟背纹；足上部铭文为阴文，清晰度也有所不同。

成化丁未铜铡

明 成化

高 22.2 厘米，口径 16.1 厘米

济宁市兖州区博物馆藏

整体呈椭圆形，子母扣合，器口做子口，深弧腹，双龙形耳，圜底，下承三云状足，足外鼓内凹，呈等边三角形，穹庐状盖，上置三峰。口沿下饰一周蔓枝纹带，腹部周饰有凸弦纹和祥云纹。盖饰云雷纹为地的卷云纹。腹部铸阳文楷书"大明成化丁未三月吉日山东兖州府知府赵兰造"，盖顶正中凸起的长方形块上铸阳文楷书"兖府文庙祭器"。

成化丁未铜爵

明 成化

济宁市兖州区博物馆藏

共3件。件1，高16.4厘米。器口边沿平，前有流，后有圆尾，俯视如船形。尾流之间口沿两侧生双立柱，柱顶有馒头形柱帽，帽下有一凸弦纹。垂腹，腹一侧、立柱下有方形鋬，鋬下出尾，圈底，下有三棱实心撇足三个，器腹周饰三层半云雷纹。流下长方框内铸有阳文楷书"文庙"，腹在方形界格内铸有阳文楷书"大明成化丁未三月吉日山东兖州府知府赵兰造"。

件 2，高 17.1 厘米。形制与前一器基本相同，唯流下铸阴文楷书"文庙"，且二字因锈蚀孔洞而残损；器腹周饰菱形卍字纹。

件 3，残高 11.3 厘米。器口边沿平，前有流，后有圆尾，俯视如船形。尾流之间原有双柱，已佚。器腹短小下收，腹一侧有方形錾，卵形底，下有三棱实心撇足三个，腹上下有凸弦纹两周，中部饰菱形卍字纹。流下铸有阴文楷书"文庙祭器"，腹铸有阴文楷书"大明成化丁未兖州府知府赵兰"。

成化丁未帝君庙铜爵

明 成化

高 16.6 厘米

济宁市兖州区博物馆藏

器口边沿平，前有流，后有圆尾，俯视呈船形。口沿两侧各有一立柱，柱顶为馒头形柱帽，帽下有凸弦纹。垂腹，腹侧有方形鋬，鋬下延伸出尾，圜底，下有三棱实心撇足三个。器腹周围饰三层半云雷纹。流下长方框内铸有阳文楷书"帝君庙"，腹在方形界格内铸有阳文楷书"大明成化丁未三月吉日山东兖州府知府赵兰造"。

嘉靖丁亥铜爵

明 嘉靖

高 16.2 厘米

济宁市兖州区博物馆藏

器口不平，前有流，后有圆尾，俯视呈船形。尾流之间口沿两侧生双立柱，柱顶有馒头形柱帽，帽下有一凸弦纹。垂腹，腹右侧、立柱下有方形鋬，鋬下出尾，圜底，下有三棱实心撇足三个，器腹周饰三层半龟背纹。流下铸有阳文楷书"文庙"，腹在方形界格内铸有阳文楷书"大明嘉靖丁亥兖州知府俞智造"。

万历元年铜方鼎炉

明 万历

高 34.5 厘米，长 40 厘米

济宁市兖州区博物馆藏

长方形。双立耳，侈口，斜直壁，平底，下承四柱状足，足中空，皆残损。器腹长边一面的中心作牌状，内有阳文楷书"万历元年"，铭文左侧为蜘蛛纹，右侧为蝴蝶纹；另一面饰莲花和蔓草纹。短边两面饰兰草纹。足上端装饰兽首纹。

兖府文庙铜方鼎炉

清

高 34 厘米，长 45.5 厘米

济宁市兖州区博物馆藏

双立耳外撇，折沿，方唇，腹部呈长方形，壁微斜，平底，下承四蹄足，中空。腹部四壁以云雷纹为地，饰四组兽面纹。兽面纹之间以竹节状垂直纹带相隔，象征扉棱。兽面纹细节丰富，眼、角、冠俱全，角呈云形。每组兽面纹上方扉棱两侧各饰一组对称的云纹。蹄足上端饰兽首纹。

乾隆辛酉东昌府学铜钟

清 乾隆

高 21.5 厘米

济宁市兖州区博物馆

双龙悬钮，圆筒形钟身，中部微鼓，平口，钟两侧有对称扉棱。钟体用纵横凸线划分为多个小区，区间分别饰有乳钉与八卦纹。近口沿部有乳钉纹图带。钟正、背钲上有阳文款书，正面铸有"圣庙乐器"，背面铸有"乾隆辛酉年东昌府同知潘珑监制"。

兖府文庙石编磬

清 乾隆

股长 13.5 厘米，股博 15.5 厘米；鼓长 42 厘米，鼓博 12 厘米

股长 14.3 厘米，股博 18.3 厘米；鼓长 40.6 厘米，鼓博 11.5 厘米

济宁市兖州区博物馆藏

共 2 件。灰石质，曲尺形，磬上方倨句下有一可供悬挂的圆穿，素面。形制特征与浙江宁波市博物馆藏清乾隆二十六年（1761）石编磬相类似，结合《兖州府志·学校志·乐器》中关于"钟、磬、琴、瑟……俱乾隆八年颁"的记载，推测此编磬或为清乾隆六年器物。

嘉靖十年文昌帝君铜像

明 嘉靖

高 210 厘米，宽 120 厘米

山东博物馆藏

神像头顶圆形发髻，面庞雍容饱满，双眼圆睁微微俯视，身着凤纹补服，双手相交于胸前，正襟危坐。背部铸"嘉靖拾年岁次辛卯知博兴乡进士广昌高鉴 主簿郑钺 典史周士实 教谕黄楚 训训导关玑、王琮"铭文。高鉴，《博兴县志》有载。

光绪十四年蟠螭纹铜簠

清 光绪

高 16 厘米，口长 24 厘米

山东博物馆藏

器四壁斜侈，较窄的两侧置夔龙形耳，方角圈足，上有盖。腹部饰蟠螭纹。底部铸有铭文"光绪拾肆年春徐州府置"。

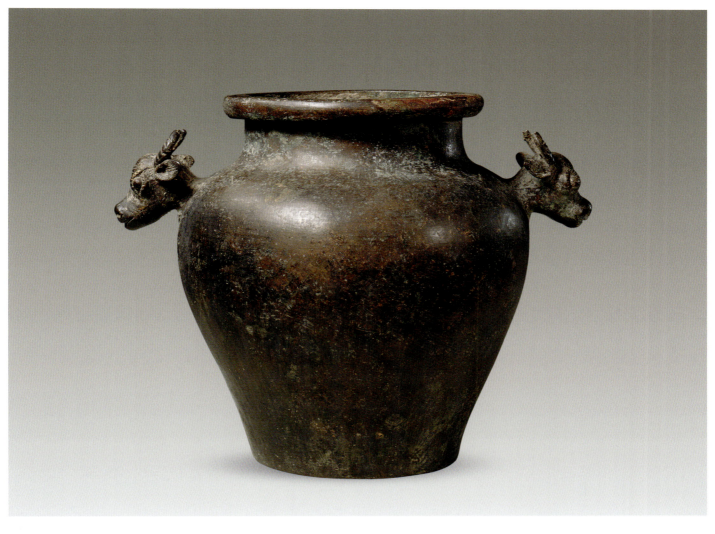

光绪十四年铜尊

清 光绪

高 25 厘米，口径 17.5 厘米

山东博物馆藏

平折沿，束颈，颈两侧各有一牺首形耳，腹下渐收。器底铸有铭文"光緒拾肆年春徐州府置"。

成化丁未年铜豆

明 成化

高 16.2 厘米，口径 14.9 厘米

巨野县博物馆藏

方唇外折，器盘扁圆，豆盘较深，粗柄，平底，底沿外折，柄与底中空。器盘外侧及柄部饰锦纹，足部边缘饰回纹。柄一侧有铭文"大明成化丁未三月吉日 山东兖州府知府赵兰造"。

孟礼弘道

　　孟子是儒家文化的重要继承者与传播者，被尊奉为"亚圣"。北宋元丰七年（1084），孟子首次被配享孔子庙。至南宋咸淳三年（1267），他与颜子、曾子、子思并列为"四配"。这一传统在元、明、清三代沿袭不衰。

　　孟庙中的祭祀礼器和各类祭祀礼仪，充分展现了后世对孟子的尊崇。孟子的祭祀等级略低于孔子，因而孟庙的祭器和祭品在规格上亦相应降低。与孔庙相比，孟庙的祭器种类和数量相对较少，且有关祭器用途、铸造时间和铸造者等铭文信息也极为有限。

邹城博物馆藏

夔龙纹铜簋

清

高 14 厘米，口长 21 厘米

邹城博物馆藏

椭圆形，敛口作子口，鼓腹斜收，两侧置兽形耳，圜底，高圈足。腹部以雷纹为地，主体饰夔龙纹，高圈足饰六边形纹，内部为六角花形。

夔龙纹铜豆

清
高 24.5 厘米，口径 14 厘米
邹城博物馆藏

敛口作子口，直腹，粗圆柄，喇叭形足，最下部有裙边，盖与豆盘相扣合，呈扁球形，绹钮。腹部饰钱币纹，点缀若干乳钉。柄部纹饰分三层，上层和中层为变形夔龙纹，下层为蕉叶纹。盖上分两层，中间以回纹相隔，上层饰变形回纹，下层饰草叶纹，另有若干乳钉。

周典复兴

　　周公姓姬名旦，是西周初年杰出的政治家，其长子伯禽封国于鲁（今山东曲阜）。据史书记载，鲁国曾建太庙奉祀周公，后鲁国灭亡，太庙也随之毁坏。北宋祥符元年（1008），在太庙旧址重建周公庙，即曲阜周公庙。周公庙又称文宪王庙，因封建帝王曾封周公为"元圣"，因此又得名为元圣庙。此后时兴时废，其历经元、明、清的多次修建，成为全国三大周公庙之一。清康熙二十六年（1687），朝廷诏命大力修建曲阜周公庙，使其达到了周公庙历史上的最大规模。周公庙中的祭祀礼器，彰显了祭周典礼在传统礼制中的重要地位，反映了周代礼制的复兴和对古代礼仪文化的传承。

清同治元圣府周公殿前五供　孔子博物馆藏

嘉靖癸未龟背纹铜豆

明 嘉靖
高 13.6 厘米，口径 13.1 厘米
孔子博物馆藏

斜直口，方唇折沿，浅腹，平底，粗柄，喇叭形足，底沿外折。腹部和粗柄上饰龟背纹，足环饰回纹。柄上刻有铭文"周公庙祭器 嘉靖癸未夏吉 知府陈谈督造"。

梵钟圣器

　　在众多佛寺之中，钟楼高耸，不仅为寺庙增添了一分庄严威仪，更使其钟声洪亮而深远，被赋予了"唤醒世人迷途，开启心智"之特殊意义。钟声的回响，不只是时间的报告者，也是精神的引导者。从唐朝的盛世铸造，到宋代的精致钮钟，再到明代装饰华丽的龙钮花口铜钟，以及汶上宝相寺地宫中出土的舍利铜盒，这些铜器展示了中国晚期铜器艺术风格与工艺水平的演变。这些铜制法器和乐器，不仅仅是宗教或音乐的工具，它们更象征着吉祥、庄重与权威，承载着深厚的文化价值和历史意义。

汶上县太子灵踪塔　汶上县博物馆供图

龙兴寺铜钟

唐 天宝
高 130 厘米，口径 90 厘米
山东博物馆藏

上有螭龙钮，钟体近直筒形，下口圆而平。钟体纹饰以线条装饰为主，保留了南北朝时期的袈裟纹，莲花式撞钟月位于钟腰位置。腰部的一粗两细凸弦纹将钟体分为上下两部分，各有矩形区域，内原有唐代长篇铭文，但大部分被凿去，仅"开元""益都"等字依稀可辨。现存铭文"大元天历二年岁次己巳庚午月己未日 益都路总管府建"等，当为元人后刻。据钟壁"佛日增辉"等铭文，推知其属寺院佛钟。

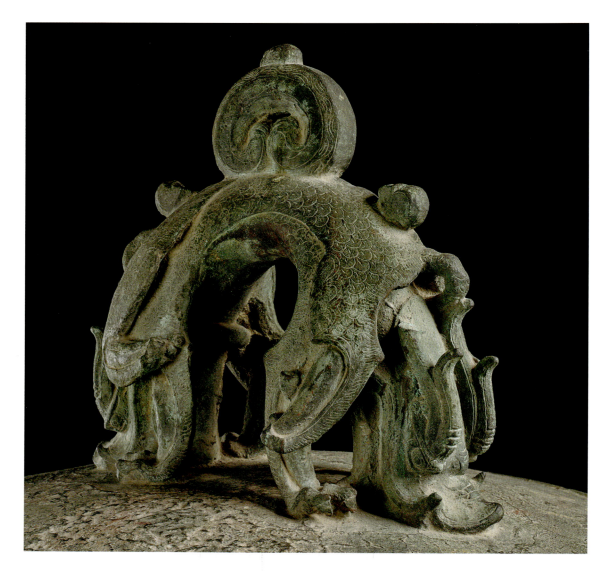

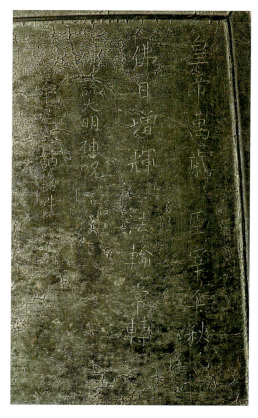

舍利铜盒

北宋 政和

高 9 厘米，腹径 10.11 厘米，底径 7.14 厘米

1994 年汶上县太子灵踪塔地宫出土

汶上县博物馆藏

圆形，分盖与体两部分，子母扣开合。体部直口内敛作子口，上腹部微凸，下腹部内敛，平底；盖直口外凸作母口，上部为圆形。

出土时封闭严密，内藏大量舍利。

铜钮钟

宋

最高 21.1 厘米，最低 15.9 厘米，两铣间距 9.7—11.4 厘米

1982 年寿光孙家集街道胡营村出土

寿光市博物馆藏

共 4 件。钮钟横断面作扁圆形。弧形舞面，上置半圆环形钮。合瓦形腔体。两铣自舞面两端渐扩，至铣角处内收。连弧形于中间呈钝角，基本与两铣角在同一平面。钟正面正中有梯形阳线格栏，格内正面竖排阳线铭文，鼓部素面。

钟 1，钲部正面为梯形格栏，分为四格，铭文为"大合罗"，"罗"下一格较扁，内饰车轮形图案。两侧饰曲线形流云纹。背面钲部饰流云纹。钟通高 21.1 厘米，两铣间距为 11.4 厘米。

钟 2，钲部正面今长方形格栏，分为四格，铭文为"空里作声"，两侧饰曲线形流云纹。背面钲部饰鳞状云纹。钟通高 19.3 厘米，两铣间距为 10.3 厘米。

钟 3，正面纹饰模糊，难以辨认。背面饰流云纹。钟通高 15.9 厘米，两铣间距为 10.4 厘米。

钟 4，正面纹饰模糊，难以辨认。背面饰鳞状云纹。钟通高 15.9 厘米，两铣间距为 9.7 厘米。

铜钮钟

宋

高 19.5—37 厘米

2016 年聊城市东昌府区古城区通用机械厂
西邻建筑工地出土

聊城市东昌府区博物馆藏

共 4 件。除一件铣部有小块旧缺外，保存基本完
整。弧舞，舞部置环形钮，最大的三件舞部中央
有一小圆孔。器身横断面呈椭圆形，口部作月牙
形内凹，铣棱微弧，表面锈蚀。钟身应有纹饰及
分区，现已模糊难辨。钟内腔有不明显的螺旋纹，
较为平整，未见音梁及调音痕迹。

单位：厘米 重量：千克

名称	宋铜钮钟	宋铜钮钟	宋铜钮钟	宋铜钮钟
通高	37	36	35.5	19.5
钮高	3.5	3.5	3	2
舞修	13	12.5	13	6.5
舞广	10	10	10	6
铣长	32	32	31.5	15.5
鼓间	12	12.5	11.5	7
铣间	14	13.5	14	8
重量	3.7	3.45	3.5	0.7

龙钮花口八卦纹铜钟

明

高 21.5 厘米，下口长 15.2 厘米

山东博物馆藏

蒲牢形钟钮，钟肩饰莲瓣纹及乳钉各一周，钟身饰袈裟纹。钟裙铸八卦纹，花形钟口，钟口上铸撞击钟月。钟身间有铭文"金钟一扣 圣允同游 声通三界 音闻四洲"。

泰岳尊礼

　　泰山自古就被奉为"五岳之首"，自秦代起统治者就在泰山举行封
禅大典，后到西汉武帝时期，在泰山脚下建立了祭祀泰山神的"岱庙"，
其自五代始便被称为"东岳庙"。至宋元时，随着泰山神信仰的扩展和
官方的支持，道教五岳祭祀开始融入国家五岳祭祀，并出现了地方上建
立东岳庙的高峰期。明清时期，各地东岳庙被列入国家祭祀体系中的小
祀范畴，而祭祀必有祭器，因此与东岳庙祭祀相关的祭器也相应出现。
馆藏东岳庙祭器上，可见道教符篆"五岳真形图"，彰显了泰山在中华
文明中的独特地位与深远影响。

清乾隆鎏金铜胎掐丝珐琅八宝 泰安市博物馆藏

青釉三孔扁瓶瓷瓶

清 雍正

高 49.3 厘米，腹径最宽 37 厘米

山东博物馆藏

三管口，中管高，两侧口低，三管上各饰一道凸棱。两侧管口颈肩相交处饰对称螭龙耳，扁圆腹突起，椭圆形台式圈足。通体施仿官青釉，腹部模印暗花五岳真形图，底足刷酱釉示铁足，内有青花 "大清雍正年制" 篆书款。

五岳真形图铜方炉

清 乾隆
高 58 厘米，口长 43 厘米
山东博物馆藏

双立耳，直口，方唇折沿，长方腹，平底，下承四兽头足。口沿下四边浮雕双夔龙纹，腹部前后浮雕道教符篆——五岳真形图。
两侧面浮雕八卦之卦图上下各雕一兽首，左、右各雕一夔龙。腹四角出火焰状扉棱。正面边沿有阳文楷书"大清乾隆年造"款识。

冯廷瑊绘五岳真形图轴

清 光绪

纵 66 厘米，横 30 厘米

山东博物馆藏

纸本，五岳真形图为朱绘，其余墨书题跋与常见五岳真形图相同，末署"光绪辛巳端午闽冯廷瑊为菊田散人谨绘于渤海官廨"。

崂山清韵

崂山道教音乐历史悠久，历代吸收了道乐、儒乐、琴乐、俚曲、江南音乐等多种形式，并巧妙融合了外来音乐元素。崂山道教属北"全真"派，道乐以全真正韵为主，同时结合山东地方语言和民间音乐，具有鲜明的地方特色。其音乐分为经韵音乐和器乐音乐两大类，特色包括"十方南韵""崂山韵"应风乐和古琴乐。

20 世纪中期拓中华民国祭崂山神文碑拓片 山东博物馆藏

十面云锣

清

高 64.8 厘米，长 61.8 厘米，

青岛市博物馆藏

整器由锣架和 10 面小锣组成。锣架为木制，五梁四柱，上二梁两端雕饰龙首。小锣为手工锻制，锻印清晰，形状统一，大小略有差异，边缘稍宽。小锣三侧各有小孔，用于穿绳悬挂在锣架上演奏。

据其音高关系，自低到高将小锣编为 1—10 号。尺寸数据如下：

单位：厘米

序号	1	2	3	4	5	6	7	8	9	10
面径	9.7	8.9	9.0	8.6	8.7	8.5	8.5	8.5	8.8	8.5
口外径	11.2	11.7	11.2	11.0	10.7	10.5	10.7	10.7	10.7	11.0
厚度	2.6	2.5	3.5	2.5	2.5	2.7	2.6	2.7	2.6	2.8

家道承孝

　　家庙制度，实质上是一种以天子为首的各种特权阶层享有的特殊礼法待遇，立庙者享有特权，身份不同于普通民众，其子孙袭爵而继承家庙，是身份与权力的象征。到了宋朝，随着家庙限制的逐渐放宽，其身份标志作用逐渐弱化，祭祀祖先、敬宗收族的作用日益凸显，家庙更多成为家人与祖先交流的一个场所和渠道，并逐渐成为提升家族凝聚力的重要场所，融入人们的日常生活中。南宋时，朱熹为推行儒家祭祀礼仪，打破了家庙的身份限制，首创了祠堂制度，实现了儒家礼仪的世俗化和平民化。原象征家庙礼仪祭祀特权的祭器也逐渐进入了民间祠堂。家族祠庙中的祭祀礼器，彰显了家庭孝道和祖先崇拜的传统文化价值。家庙中的礼器不仅寄托了对祖先的敬仰，更是对家庭孝道文化的传承和弘扬。

清木雕供龛　山东博物馆藏

天启丁卯青白釉双耳瓷簠

明 天启

高 15.1 厘米，口径 10.7 厘米

山东博物馆藏

共 2 件。圆柱直口，肩部较短，四方体腹，两侧有象首鼻耳，近底部斜直下收与四方体足相接。除底部未施釉外，内外皆施青白釉，但多处剥釉且磨损严重。炉正面有青花单直行铭文"南社祠堂祭器"。

天启丁卯青白釉兽耳瓷簋

明 天启

高 12.5 厘米，口径 16.5 厘米

山东博物馆藏

椭圆形。敛口作子口，直腹壁，壁底部斜下折，配以双夔龙耳，四连体撇花足，相邻两足面挖去三角面。失盖。通体施青白釉。

器腹正面有青花双直行铭文"大明天启丁卯年造"，背面为"南社祠堂祭器"。

金氏家祠铜簋

清

高 18.6 厘米，口径 19.9 厘米

山东博物馆藏

圆口，腹部下收，双兽耳，耳下附珥，圈足较高，下铸正方形器座，四边有半圆形缺。器腹以云雷纹为地，饰夔龙纹。器座上部亦以云雷纹为地，饰夔凤纹。口沿下部刻有"燕山金氏家祠祭器"铭文。

雷纹螭耳铜铏

清

高 17 厘米，口径 15 厘米

山东博物馆藏

圆口，圆腹，双兽耳，圜底，三角形三足。器有盖，盖顶置三峰。近口沿处饰一圈云雷纹，其下为莲瓣纹，莲瓣纹上饰云雷纹。盖顶饰云雷纹。内壁刻"子孙永宝用"铭文。

潍县相府陈氏祭器

清

方　　盒：高 9.6 厘米，长 18.5 厘米，宽 18.5 厘米

长方盒：高 9.6 厘米，长 37.3 厘米，宽 18.5 厘米

方　　碟：高 2.6 厘米，长 12.3 厘米，宽 12.3 厘米

长方碟：高 9.6 厘米，长 15.6 厘米，宽 12.3 厘米

潍坊市博物馆藏

共 8 件。整组铜胎掐丝珐琅缠枝花卉纹器物总计 81 件，包括长方盒、方盒、长方碟和方碟四种器型。每件器物四壁直立，下承四足，口、边、足沿鎏金。外壁以蓝色珐琅釉为地，中心掐丝填红色宝相花，配以绿叶，周围辅以缠枝莲纹。花朵硕大，枝叶伸展自如。底部有阳文楷书"潍县相府陈氏祭器"。碟子内外壁均以蓝色珐琅釉为地，盘心同样掐丝填红色宝相花，四周饰缠枝莲纹。

昌榮

推陈出新

　　宋元时期对古文化的尊崇推动了古铜器的新改革，这种"以古为名"的潮流使古铜礼器超越了传统象征功能，向世俗化和生活化转变。铸铜工艺的创新和仿制古铜器的流行，展现了古典与现代交融的文化现象。鼎、簋等炊食器转变为香炉，壶、尊、觚等酒器则被重新定义为花器，彰显出新的审美价值。一些先秦铜器成为陈列品和古玩，体现了对古文化的尊重和古铜器的美学地位。仿古铜器虽"法古"，但在质地、造型等方面独具风格，成为连接过去与现代的桥梁，反映了宋元社会文化及艺术的变迁。宋元时期的铜器仿制和创新不仅是复古，更体现了文化自我更新，开拓了铜器艺术的新纪元。

法古修今

　　宋元时期，在对古代铜器崇拜与追求的背景下，匠人们在"法古"的基础上"修今"，吸收古代青铜器的设计精髓，融合现代审美和技术，创造出既具有古典气息又满足当代需求的新式铜器。这一时期的铜器改革不仅体现在仿古与创新的结合上，还推动了铜器在形制和功能上的创新发展。新造的仿古器物保留了古代艺术风格与历史韵味，同时出现了改良古代铜器形制和功能甚至加入全新器型的实践。这些变化实证了中华物质文化的连续性与创新性，展示了晚期铜器在艺术价值和历史意义上的丰富内涵。

宋李嵩绘听阮图轴，台北故宫博物院藏

昌
荣
推
陈
出
新

一
九
〇

兽面纹铜甗

清

高 39.2 厘米，口径 23.7 厘米

山东博物馆藏

甑、鬲连体。甑部侈口，双立耳，圆腹。鬲部直颈，平裆，鼓腹，腹下三蹄形足，器内无箅。甑部口沿下饰云雷纹和兽面纹，上下各有一周连珠纹带。

提梁三足铜尊

汉

高 16.2 厘米，口径 7.3 厘米

山东博物馆藏

圆口，粗短颈，圆鼓腹，三蹄形矮足，有盖和提链。蹄形盖，顶饰三钮。腹上部近肩处对置二鼻钮，钮内穿环，与两组铜链和提梁相接。提梁为双首龙形。

铦镂

清

高 19.2 厘米，口径 8.4 厘米

山东博物馆藏

敛口作子口，圆鼓腹，腹部有活链龙首提梁，圜底，三兽形足。盖作蹄形母口，顶饰三兽形钮。器身素面。

铜花觚

宋

高 39.8 厘米，口径 17.9 厘米

东营市历史博物馆藏

大喇叭形敞口，细高柄，柄上有一细一粗两周凸箍，圈足，有矮台座。柄部饰蕉叶纹，内饰回纹及夔龙纹。凸箍与足部出扉棱，并以云雷纹为地，饰兽面纹。

素面出戟铜觚

明末清初

高 39.5 厘米，口径 20.2 厘米

山东博物馆藏

大喇叭形敞口，柄较粗，有一周凸箍，方形圈足，下有高台座。柄部饰素面蕉叶纹。凸箍与足部出四扉棱。

铜觚

明

高 47.4 厘米，口径 24.8 厘米

山东博物馆藏

喇叭形盘口，细高柄，中间有一周粗凸箍，上下置两周细凸箍，圈足，有台座。通体素面。

兽面纹铜花觚

清

高 21.8 厘米，口径 11.4 厘米

山东博物馆藏

喇叭形敞口，细高柄，下有一周凸箍，圈足外撇，有台座。颈部饰蕉叶纹，蕉叶纹内以回纹为地，饰兽面纹。凸箍与足部出扉棱，以云雷纹为地，饰兽面纹。

梅枝铜觚

明

高 25.5 厘米，口径 12 厘米

山东博物馆藏

喇叭形敞口，树干状细高柄，延展出若干梅枝，枝上点缀梅花，圈足。

瓷花觚

清

高 31.7 厘米，口径 8.2 厘米，底径 17.2 厘米

山东博物馆藏

此瓷花觚为分体拼接，分为上、中、下三部分。上部为圆口、鼓腹，腹部出扉棱，圈足。腹部以云雷纹为地，施蓝釉，饰夔龙纹，夔龙纹及口沿、圈足皆施茶叶末釉。中部同为圆口、鼓腹，腹部出扉棱，圈足。腹部以云雷纹为地，施蓝釉，饰兽面纹，兽面纹及口沿、圈足皆施茶叶末釉。下部为外撇圈足，以云雷纹为地，施蓝釉，圈足上饰八卦纹，施茶叶末釉。

六棱铜瓶

元
高 18.7 厘米，口径 3.9 厘米
山东博物馆藏

侈口，瓶身呈六棱形，长颈，颈两侧有朵云形耳，垂腹，高圈足外撇。瓶身以凸棱分区，自上而下模印缠枝花卉纹、锦地云纹、棱形几何纹、雷纹、兽首、垂叶纹等。圈足饰云纹。

双耳铜瓶

明

高 17 厘米，口长 5 厘米

山东博物馆藏

盘口，长颈，双兽首衔环耳，鼓腹下垂，高圈足，下有台座。瓶颈部饰云雷纹，腹部饰海水纹，足部饰回纹。

兽面纹龙耳衔环铜瓶

明

高 39.5 厘米，口径 9.5 厘米

山东博物馆藏

盘口，长颈，双衔环兽耳，鼓腹微下垂，高圈足，下有台座，底沿外折。口沿下及颈部饰云雷纹；腹部以云雷纹为地，饰兽面纹；底足饰海水纹。

花卉纹双耳铜方壶

明

高 31 厘米

山东博物馆藏

方口，方唇外凸，长颈，双兽衔环耳，耳部方折，方形器腹，台形底足。口沿下及颈部饰六边形纹。腹部似为人物、水鸟、舟等形象，并饰西番莲纹。足部饰海水纹。顶部铸一蟠螭。

龙耳衔环铜瓶

明

高 31.3 厘米，口径 9.1 厘米

山东博物馆藏

一对盘口，细长颈，双兽衔环耳，圆腹，圈足微外撇。口沿饰云雷纹。颈部近兽首处为锦地纹。近腹部以云雷纹为地，饰蝠纹。底足上部以云雷纹为地饰蝠纹，近圈足部饰云雷纹。

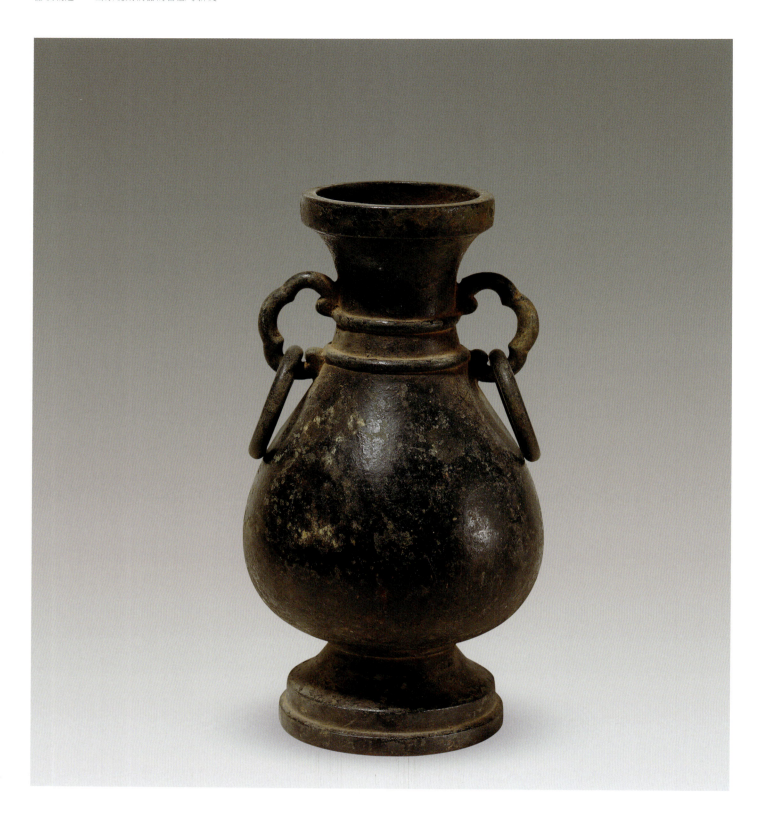

盘口双环耳铜瓶

清

高 21 厘米，口径 8.6 厘米

山东博物馆藏

盘口，长颈，颈部双衔环耳，腹微鼓，高圈足，底沿外折。腹部与足部光素无纹，仅颈部有两道凸弦纹。

六棱铜贯耳壶

元

高 22.1 厘米，口径 4.8 厘米

山东博物馆藏

六边形口，长颈，双贯耳，鼓腹，六边形圈足微外撇，器身有六棱。纹饰分四层：第一、二层为云雷纹，第三层为海水纹，第四层为云雷纹。双贯耳饰云雷纹。底足饰一圈凤鸟纹。

双耳铜扁壶

明

高 17.3 厘米，口径 4.5 厘米

山东博物馆藏

圆口内敛，长颈，双贯耳，腹部扁长，高圈足微外撇。腹上部与贯耳纹饰相同，自上而下依次为短斜线纹、波浪纹、回纹、短斜线纹。

凤纹贯耳铜壶

清

高 19 厘米，口径 4.3 厘米

山东博物馆藏

撇口，圆唇，长颈，双贯耳，垂腹，高圈足。颈上部饰凤纹和海水纹。贯耳饰海水纹。底足饰菱格纹
与卷草纹。

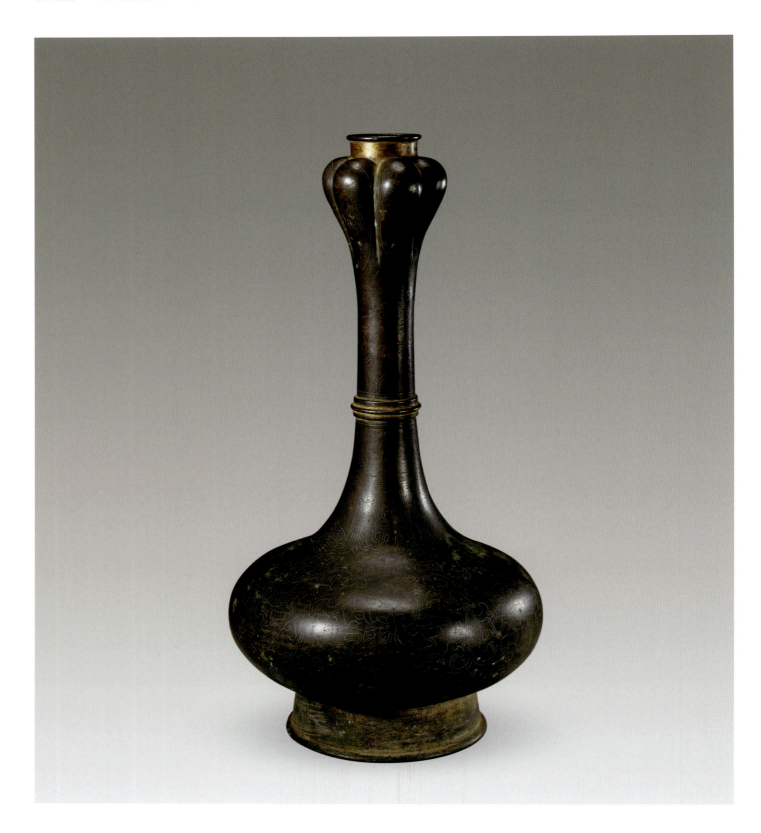

嵌银丝铜蒜头壶

明

高 42 厘米，口径 4.7 厘米

山东博物馆藏

蒜头口，细长颈，颈中有凸箍，圆鼓腹，圈足。纹饰为嵌银丝，蒜头部分饰云纹，颈部凸箍以上饰花鸟纹，以下饰菱形纹及莲瓣纹，腹部饰缠枝莲花。口沿及圈足鎏金。

蒜头铜瓶

清
高 34.5 厘米，口径 4.5 厘米
山东博物馆藏

蒜头口，细长颈，扁圆腹，圈足外撇。通体素面无纹饰。

青花花卉蒜头瓶

清 乾隆

高 29.2 厘米，口径 4 厘米

山东博物馆藏

蒜头口，细长颈，溜肩，垂球腹，撇圈足。通体以青花为饰，蒜头部分绘缠枝莲，腹部饰桃子、石榴和花卉图案。底有"大清乾隆年制"青花篆书款。

百环铜尊

明

高 25.6 厘米，口径 30 厘米

山东博物馆藏

喇叭形口，微鼓腹，圈足。器身满饰铜环，以云雷纹为地，饰兽面纹。

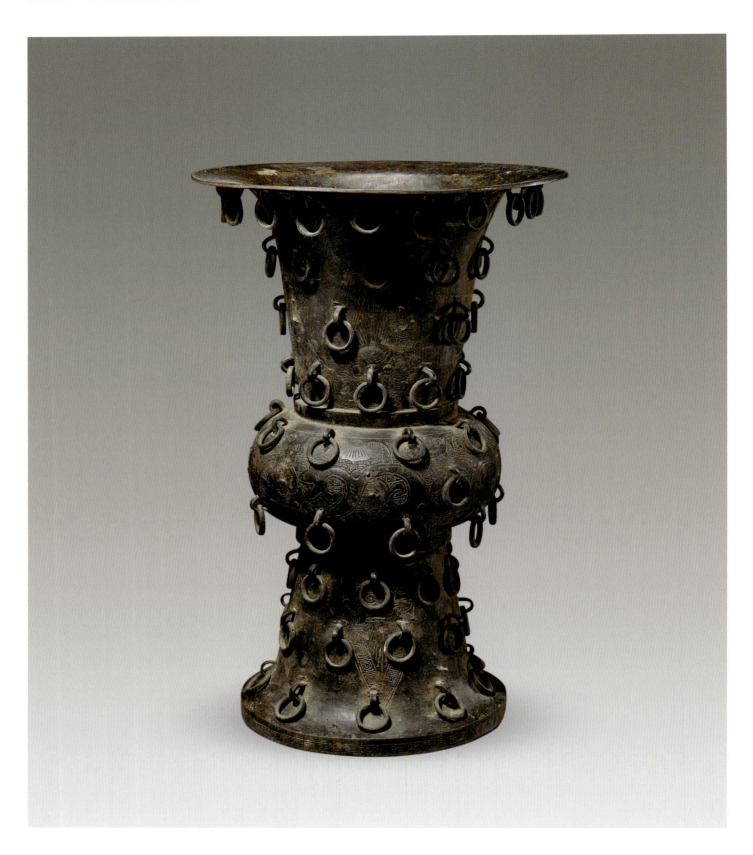

百环铜尊

明

高 42.8 厘米，口径 27.3 厘米

山东博物馆藏

喇叭形口，扁鼓腹，圈足。器身满饰铜环，上下部分饰蝉纹，圈足饰一周回纹。

潍苏同铸

　　古董商人曾将仿古铜器按产地称为"潍县造""西安造""北京造""苏州造"。潍坊的仿古铜器始于明朝，清代涌现出许多老艺匠，如以錾刻花纹、铭文见长的范寿轩，以及精于细笔道铭文和翻砂制镜的王荩臣。西安则是擅长在真器上刻伪铭。"北京造"仿古铜器多精巧华丽、形制独特，尤以商周重器和鎏金器物为主，地子与锈斑逼真。"潍县造"的兴盛离不开当地深厚的金石学底蕴。晚清时，"金石学在山左，山左金石学在潍县"，以陈介祺为中心的潍县金石交际圈大大推动了潍县金石学与青铜器古玩的繁荣，金石学与仿古技艺相互渗透，共同成就了"潍县造"。

　　苏式仿古铜器因其"精绝""乱真"而被业界称为"苏州造"，进而蜚声中外。"苏州造"的仿古铜器多是采用极具地方特色的"贴蜡法"铸成。贴蜡法是中国传统失蜡铸造工艺中的一种，也是中国传统失蜡铸造技术最具代表性的工艺技法，包含"刻模版—捏坯形—贴蜡—敷泥型—浇铸—修整—接色—装潢"八道工序。完美的木模版是这一技艺中不可缺少的模具，"苏州造"注重雕刻木模版"仿而有据"，仿器造型、花纹、铭文都有来源，一般用原器拓片上板，没有拓片的，也从印本上摹勒镌刻。

清兽面纹铜鼎　山东博物馆藏

潍县造

夔凤纹铜鼎

清
高 21 厘米，口径 18 厘米
山东博物馆藏

圆口，圆唇外凸，立耳，圆腹，圜底，下承三柱形足。腹外壁以云雷纹为地，饰夔凤纹，再下有一周凸弦纹。

兽面纹铜鼎

清

高 24 厘米，口径 22.8 厘米

山东博物馆藏

圆口，薄圆唇外凸，立耳，圆腹，圜底，三蹄足。上腹部以云雷纹为地，饰兽面纹

三足鼎

清

高 33.2 厘米，口径 26 厘米

山东博物馆藏

圆口，鼓腹，双立耳，三足。腹部满饰云雷纹。上有鼎盖，盖顶镂空圆钮，满饰云雷纹，并铸三只形态各异的羊，寓"三羊开泰"。钮部饰蝠纹。

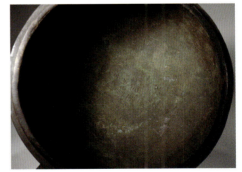

铜鼎

清

高 42.5 厘米，口径 33 厘米

山东博物馆藏

圆口，双附耳，深腹，圜底，三蹄足。口上有盖，盖顶有圈形捉手，周围饰三只卧兽。

仿铜颂鼎

清

高 40 厘米，口径 45.8 厘米

山东博物馆藏

鼎体宽大，圆口，双耳高耸，深腹，圜底，三蹄足。耳部和腹部饰云雷纹。铭文仿自颂鼎铭文

仿宋铜方鼎

清
高 23.6 厘米，口长 18.4 厘米
山东博物馆藏

长方体，双立耳，腹部四角及腹部中部出扉棱，四柱足。口沿及耳饰回纹，腹饰兽面纹，足饰垂叶纹，均以嵌银工艺完成。底有"宣和五年三月造"铭文。

凤鸟纹铜簋

清

高 13.5 厘米，口径 19 厘米

山东博物馆藏

侈口，近直腹，双兽耳垂珥，圜底，圈足。腹部饰凤鸟纹，圈足饰夔纹，腹部和圈足皆出扉棱。外底部饰斜方格纹。腹内壁有铭文。

铜簋

清

高 26 厘米，口径 17.5 厘米

山东博物馆藏

敛口作子口，鼓腹略下垂，腹两侧为兽首耳，下垂双珥，平底，圈足下承三矮足。隆盖，顶有圈形捉手。盖顶与器腹饰瓦纹。盖沿、上腹与圈足饰兽首纹。腹内有铭文。

昌荣 推陈出新 —一二三—

兽面纹铜方尊

清

高 35.5 厘米，口径 15 厘米

山东博物馆藏

方体，侈口，斜颈，广肩，鼓腹，下腹内收，方圈足微外撇。颈部四面饰夔龙纹，肩部四面为对头凤鸟纹，凤鸟纹间铸兽首。器身四面正中为兽面纹，两侧饰夔龙纹。足部四面饰夔龙纹。器盖四角铸凤鸟，此尊内有 16 字铭文，与仲驹父簋盖铭文（见《殷周金文集成》03936 号）近似。

兽面纹铜罍

清

高 26.5 厘米，口径 28.2 厘米

山东博物馆藏

圆口，方唇折沿，短直颈，折肩，鼓腹，下腹内敛，圈足微外撇。颈部饰三圈弦纹，肩部铸四个牺首，每个牺首两侧饰夔龙纹。器腹以云雷纹为地，四面饰饕餮纹。圈足上部饰两圈弦纹，下部以云雷纹为地，饰夔龙纹。

铺首衔环耳铜尊

清

高 60 厘米，口径 29.5 厘米

山东博物馆藏

撇口，短颈，丰肩，圈足。颈部饰蕉叶纹。肩部以云雷纹为地，饰凤鸟纹，并有兽面铺首衔环耳，铺首间饰乳钉，乳钉上刻花卉纹。腹部以云雷纹为地，饰兽面纹，下饰蕉叶纹。下腹部有仙鹤、松树、鹿、灵芝、竹、海水等吉祥纹饰，寓意"松鹤延年""福禄寿喜"。圈足部饰一圈乳钉。

铜匜

清

高 13.5 厘米，口径 16 厘米

山东博物馆藏

敞口，窄长流上扬，瓢形腹，龙首形鋬，四扁体象形足。口沿饰一周云雷纹，腹部饰瓦纹。

夔龙铜盘

清

高 13.3 厘米，口径 36.2 厘米

山东博物馆藏

圆口，方唇，平折沿，两侧设双兽耳，浅腹，圈足。腹部和圈足饰夔纹，腹内有铭文。

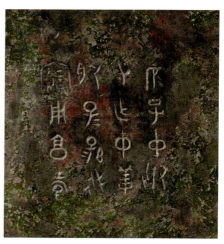

苏州造

竖棱纹铜簋

清
高 15 厘米，口径 21.5 厘米
山东博物馆藏

圆口，方唇微侈，短直颈，鼓腹，双兽耳，下有小珥，高圈足。颈部以云雷纹为地，饰双身龙纹，龙首居中，身分两侧，后饰凤鸟纹。腹部饰直条纹。足部出扉棱，并以云雷纹为地饰夔凤纹。

兽耳铜壶

清末
高 85 厘米，口径 37.5 厘米
山东博物馆藏

侈口，壶身呈圆腹状，腰部微收，腹部较鼓，两侧各有兽形衔环耳。底部足高，圈足外撇。口沿下部及腹部下部饰蟠螭纹，间以祥云纹与寿字纹，纹路下方饰蕉叶纹。腹部上部及圈足上饰蟠螭纹，并饰祥云纹与寿字纹。口沿下有"周公作文王尊彝"。

宫廷风范

　　鲁荒王朱檀，朱元璋第十子，其墓出土了种类繁多的文物，包括三件具有时代特色的铜制小型明器。根据文献记载和现存实物证明，清宫铜器的制造从康熙至光绪期间未曾间断，尤其是在雍正和乾隆两朝，宫廷铜器的制作达到了鼎盛。这些铜器工艺完备，做工精湛，均超越了前代。清宫铜器在继承传统的基础上实现了重大发展，追求精致与宏伟的气势，仿古而不拟古，推动了清代铜器工艺的真正繁荣。可惜的是，尽管清宫铜器制作频繁、数量巨大，但有大量铜器在当朝就被熔毁了，以致雍、乾二朝清宫铜器存世稀少。

清青玉方鼎　山东博物馆藏

铜釜灶

明 洪武

高 17.7 厘米，釜口径 11.6 厘米，灶腹径 12.2 厘米

1971 年邹城市明鲁王朱檀墓出土

山东博物馆藏

釜灶结合，由盖、釜、灶三部分组成，器壁极薄。盖扣于釜沿内，尖唇，直口，弧形梯面，圆锥形钮，二层仰莲钮座。釜为圆唇，侈口，折沿上折以承盖，浅弧腹，圜底；灶为尖唇，敛口，以承釜沿，腹微鼓，下内收，腹中部开一类似窑堵坡形火口；灶置于宽平沿圜底盘上，二者连为一体，灶下承一个三脚支架，支架呈弓形，外翻若马蹄足。

铜火盆

明 洪武

高 2.3 厘米，口径 13.1 厘米

1971 年邹城市明鲁王朱檀墓出土

山东博物馆藏

通体黑色，敞口，圆唇，宽平沿，浅腹，平底微外凸，口沿处有两对称的"几"字形提梁。

鎏金铜盘

明 洪武

高 0.9 厘米，口径 8.9 厘米

1971 年邹城市明鲁王朱檀墓出土

山东博物馆藏

敞口，圆唇，边缘内卷，呈凸棱状，宽折沿，浅斜腹，大平底。

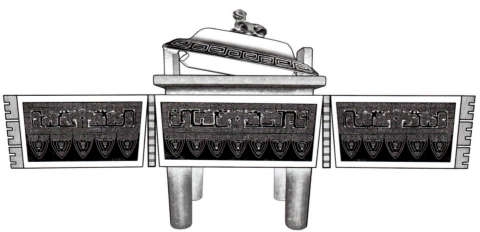

夔龙纹铜方炉

清 乾隆

高 18 厘米，口长 12.6 厘米，口宽 9.7 厘米

山东博物馆藏

长方体。厚方唇，窄平沿，立耳，直腹，平底，四柱足。炉腹上半部以雷纹为地饰夔龙纹，下半部饰蝉纹，四角有扉棱。底款为"大清乾隆年制"款。盖顶上饰狻猊为钮，盖边饰一周连续回纹。

乾清宫款铜炉

清

高 12 厘米，口径 14 厘米

山东博物馆藏

双桥耳，侈口，方圆唇，鼓腹，圜底近平，三款足。三足底以圆圈纹为底，各刻一字，合为"乾清宫"。

文玩雅器

　　自隋唐始，我国的科举制度日渐发展完善，至明清时期达到鼎盛，文人的读书雅好也慢慢酝酿沉淀，成为能够寄托文人心境气质与美好祈愿的文玩清供其不仅具备实用化的功能，而且蕴含着不同时代文人的审美文化、个性气质和科举理想。各类文玩雅器也成为晚期铜器的新兴门类和功能延伸的新领域。

清刘春霖行书联 山东博物馆藏

龙凤五峰形铜笔架

明

高 12 厘米，长 18.7 厘米

山东博物馆藏

笔架相连五峰，峰皆扁，中峰高，左右两峰渐矮，山峰下水涛相绕。一面饰龙戏珠，龙盘于五峰之间，龙身细长，饰鳞纹，龙头位于主峰前，龙握珠饰于另一峰，龙角与凤冠共用。另一面饰凤，中峰饰太阳，凤翘首回望，翅微展，双足扎实有力立于地面。

鱼龙变化铜笔筒

清 乾隆
高 13 厘米，口径 12.3 厘米
山东博物馆藏

圆口，柱身，平底。外腹浮雕云龙、波涛、双鱼，云龙吐水，寓意鱼化龙，喻金榜题名。器型精雅，线条流畅，纹饰精妙，祥云点缀，蕴含吉祥、飞黄腾达、平步青云的美好愿景。底为"大清乾隆年制"篆书方款。

桃形铜水盂

清

高 5.4 厘米，长 10.9 厘米

山东博物馆藏

桃身枝叶环绕，以枝干为把手，下承三足。铜质精良，铸造精美，生动逼真。

鎏金犬形铜书镇

明

高 3.6 厘米，底径 5.7 厘米

山东博物馆藏

呈卧犬状，头仰视，眼圆润，四肢紧凑地收在身下，尾卷曲。通体鎏金有脱落。

白铜镇纸

中华民国

直径 11 厘米

山东博物馆藏

一对。环形，白铜质。一件铜环上饰兰草纹，刻有"汝飞学姊清赏 妹实秀敬赠"字样；另一件饰竹枝纹，环上刻"岛仲学姊清赏 妹实秀敬赠"。

三足小铜洗

明

高 3 厘米，口径 6 厘米

山东博物馆藏

浅腹，方唇，折沿，下承三蹄足，底为"宣德"款。

椭圆形小铜水盛

清

高 3.7 厘米，口径 3.8 厘米

山东博物馆藏

椭圆体，上开有椭圆口，鼓腹，两窄侧饰以兽形钮，腹饰雷纹。平底，底部篆书阴文，并配有木座。

嵌金龟形铜砚滴

清
高 5.5 厘米，长 8 厘米
山东博物馆藏

器物呈龟形，背部设有孔，配有长管
状盖。龟的背部、四足、双眼及盖顶
太极图均采用嵌金装饰。

嵌金银鸳鸯小铜壶

清
高 4 厘米，口径 2.5 厘米
山东博物馆藏

鸳鸯呈伏卧回首姿，背部设有口，或
为水盂。其头部、颈部、双翅及展开
的尾羽均以嵌金银装饰。

嵌银小铜盖豆

清

高 7.3 厘米，口径 3.8 厘米

山东博物馆藏

子母口，鼓腹，双环形耳，下有柄，圈足外撇。豆上有盖，盖顶为圆钮。豆身与盖以错银饰三角形凤鸟纹，柄部饰错银绚纹。

嵌银小圆铜鼎

清

高 12.1 厘米，口径 10.5 厘米

山东博物馆藏

敛口，方唇，折沿，双立耳，垂腹，三柱足中空。器口饰雷纹，鼎身饰松、竹、梅等纹饰，足上饰蝉纹，均以嵌银装饰精细完成。腹内有两字铭文。

"石叟"款铜炉

明末清初

高 11.3 厘米，口径 6.4 厘米

山东博物馆藏

敛口，方唇，上有对称双立耳。高束颈，丰肩，腹下收，圜底下承三柱足。双耳、口沿、颈部镶嵌圆圈纹，腹部饰万字纹，三柱足上饰勾云纹，腹部刻有"宣和三年"铭。外底落"石叟"款。

错银小圆铜鼎

明

高 10.8 厘米，口径 10 厘米

山东博物馆藏

敛口，方唇，窄折沿，双立耳，器身呈盆状，三扁象鼻足。器口饰雷纹，器身饰涡纹，足上饰雷纹与云纹。

错银鼎式铜熏炉

清

高 17 厘米，口径 7.2 厘米

山东博物馆藏

圆口，方唇折沿，短颈，双耳，扁鼓腹，腹部有棱，细高三柱足。盖顶部有品字形三圆孔。炉身以错银饰对头凤纹，炉盖铸狮子滚绣球钮。

错银兽面纹铜簋

明

高 5.3 厘米，口径 6.7 厘米

山东博物馆藏

侈口，方唇，折沿，深腹，壁微鼓，两侧为兽耳，耳下有垂珥，底部足高，圈足外撇。器口饰雷纹，簋身饰饕餮纹，器足饰蟠虺纹。

错银铜砚滴

清

高 5.8 厘米，口径 13.1 厘米

山东博物馆藏

圆口，器腹浑圆，兽首形器嘴，兽形器把，三立足内收。器口饰一圈错银卷云纹，器嘴周围以错银饰毛发状兽首，器身饰错银兽面纹，器足饰错银三角纹。惜器盖缺失。

礼投之艺

　　投壶是一种集礼仪和娱乐于一体的活动，源于古代贵族阶层的宴饮礼仪。参与者在宴会或聚会中，将箭状的物品投掷入壶中，既考验技巧，又兼具娱乐性。投壶的玩法有严格的礼仪规范，体现了古人对礼仪的重视和对和谐氛围的追求。作为一种礼乐活动，它不仅是娱乐，更是一种社交礼仪的实践，象征着礼与乐的结合，也展示了古人对于礼制与文化精神的重视。

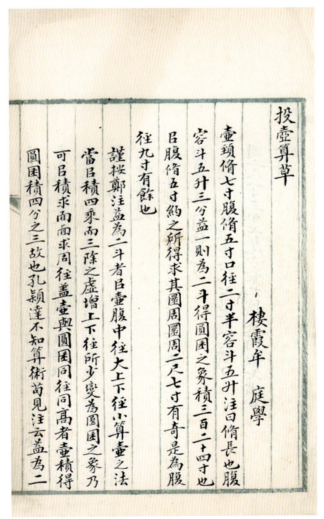

清稿本《投壶算草》山东博物馆藏

兽面纹铜箭壶

明

高 47.5 厘米，中口径 5 厘米，侧口径 4.5 厘米

山东博物馆藏

圆口，细长颈，双贯耳，鼓腹，腹出扉棱，高圈足，底沿外折。颈部纹饰分为三部分：第一部分以云雷纹为地，饰兽面纹；第二部分铸螭龙；第三部分以云雷纹为地，饰兽面纹。贯耳以云雷纹为地，饰夔凤纹。腹上部饰花瓣纹及连弧纹，腹中部饰海水及海马。圈足以云雷纹为地，饰夔凤纹。

扁圆腹麒麟纹铜箭壶

明

高 52.5 厘米，中口径 7.5 厘米，侧口径上为 5.7 厘米，下为 5.2 厘米

山东博物馆藏

共 2 件。圆口，长颈，颈部四贯耳，扁腹，高圈足，底沿外折。颈上部及贯耳饰云雷纹，颈中部铸螭龙，颈下部饰云雷纹。腹上部饰莲瓣纹，腹部出四扉棱，扉棱间铸瑞兽麒麟。足部以云雷纹为地，饰兽面纹。

铜箭壶

明

高 49 厘米，中口径最大 7.1 厘米，侧口径最大 7 厘米

山东博物馆藏

六边形口，长颈，六边形双贯耳，扁腹，六边形圈足，底沿外折。颈上部饰三层纹饰：第一层为回纹，第二层为龟背纹，第三层为回纹。贯耳饰三层纹饰：第一层为回纹，第二层为六边形回纹，第三层为回纹。颈中部铸螭龙，颈下部铸四个人物。腹上部饰龟背纹，腹部边角铸兽首衔环，腹中部饰兔、马、祥云等纹饰。

六方扁腹麒麟纹铜箭壶

明

高 54 厘米，中口径 7 厘米，侧口径最大 5.8 厘米

山东博物馆藏

六边形口，细长颈，六边形双贯耳，扁腹，六边形高圈足，底沿外折。颈上部及贯耳饰云雷纹，颈中部以云雷纹为地，铸螭龙，螭龙下有一圈璎珞纹。下部以云雷纹为地，似为山字纹。腹上部以万字纹为地，铸狮子驮莲花。腹中部每一面皆以万字纹为地，铸麒麟，各边棱还铸有神兽。底足铸万字纹。

小铜箭壶

明

高 12.7 厘米，中口径 3.3 厘米，侧口径 1.3 厘米

山东博物馆藏

圆口，直长颈，双贯耳，扁腹，圆形圈足，底沿外折。贯耳及颈部上方饰云雷纹，底足饰海水纹。

百物竞奇

　　明清时期的动物形铜器如角端、铜猪、铜麒麟等，象征着吉祥、官运和社会理想，体现了古人对功名、长寿与太平的追求。这些器物不仅工艺精湛，还反映了人们对自然和宇宙的崇尚，表现出时代的文化心理与哲学思考。

明鎏金铜猪　山东博物馆藏

昌荣　推陈出新　—一五七—

鎏金雁形铜熏炉

明

长 45 厘米

山东博物馆藏

一对。整器作雁形，全身鎏金，腹部中空，自胸至尾分为上下两部分，以子母口扣合。雁昂首，喙半张，舌微翘，眉心饰如意云头，胸前、腹下翎毛纤细柔软。头颈、足部、双翼及尾羽丰满，翎毛或直或曲。翅根处饰双弯月，蹼掌半曲，半卧于台座。台座分为两层，上层镌刻卷草花叶纹，下层四面饰壶门。

鸭形铜熏炉

明

高 33.5 厘米

山东博物馆藏

整炉由上体、下体和底座三部分组成，整体呈鸭形。鸭昂首长鸣，单足立于四足台形底座上，左足蜷缩于腹下，右腿呈竖管状，以套入座面蹼足的立榫中。

犀牛望月铜镜架

清

高 31.5 厘米，长 47 厘米

山东博物馆藏

整器作犀牛回首趴伏状，背负一鞍，鞍饰花卉纹，上驮一弯新月。犀牛身披璎珞。

铜螃蟹

清

长 17.5 厘米

山东博物馆藏

双眼外凸，螯足粗壮，背壳前宽后窄，壳面凹凸不平。其中一只钳口可开合，八条腿可弯曲。

铜螃蟹

清

长 17.5 厘米

山东博物馆藏

双眼圆凸，螯足粗壮有力，背壳呈前宽后窄之势，壳面布满不规则的凹凸纹理。

双鱼铜花插

明

高 33.5 厘米，口长 9.5 厘米

山东博物馆藏

器物呈双鱼形态，双鱼鱼口合一，内腹相通。鱼尾一前一后错开，触地成器足。鱼鳞密布，清晰可见。

铜象熏炉

明

高 17.3 厘米

山东博物馆藏

呈站立形，仰头朝天，象鼻向上卷曲形成盖把，象头部分作为盖子，通过枢钮与兽身相连，可掀起扣合。底部有"唐国建造"铭。表面鎏金有脱落。

铜象

明

高 16.5 厘米，长 26.5 厘米

山东博物馆藏

体态健硕，五官勾勒清晰，肥首大耳，目视前方，象牙前冲，象鼻回勾，尾部自然下垂，四肢作直立行走状。

太平有象铜花插

清

高 37.5 厘米，长 30.5 厘米

山东博物馆藏

象回首站立，鼻向后卷曲，齿外露，耳下垂，背稍隆，身披璎珞，尾下垂。背上有莲花座，莲花座上立有尊形器。尊形器为喇叭形口，鼓腹，口下饰缠枝纹，腹部饰璎珞。该造型见于故宫博物院藏清咸丰绿地粉彩开光花鸟纹方瓶，可资对比。

清咸丰绿地粉彩开光花鸟纹方瓶
故宫博物院藏

铜龟兽

清

高 6.5 厘米，身长 23.5 厘米

山东博物馆藏

兽首立耳，凸眼，张口，龟背平腹，利爪，甩尾。

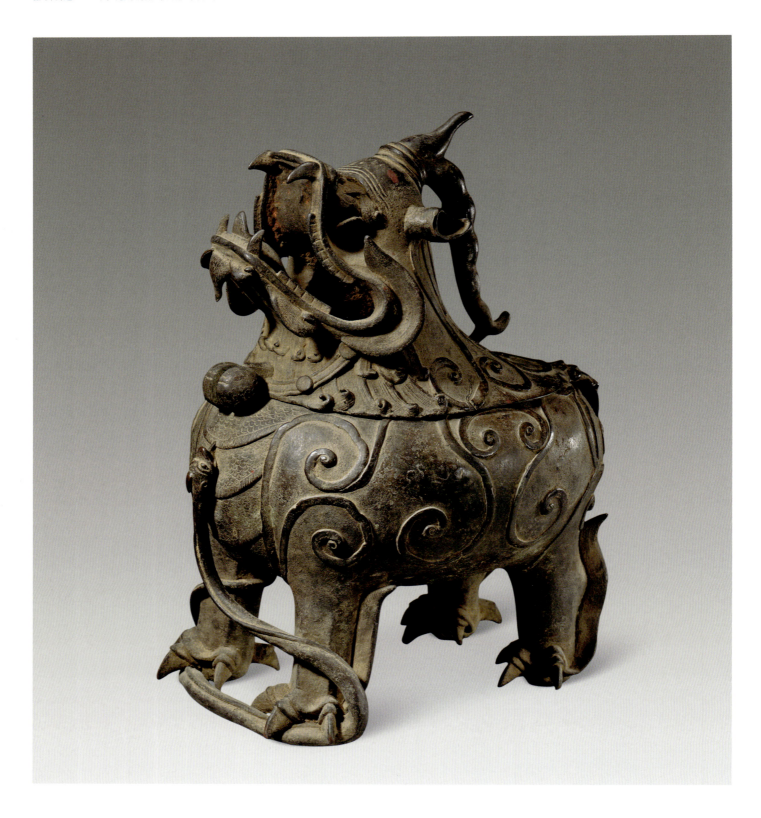

铜兽炉

明

高 47.9 厘米

山东博物馆藏

呈四足兽形，口阔如狮，足有锐爪，头后生有一角，向下伸出一辫形把手。前足踩踏一蛇，蛇头延伸至兽的胸前。兽身内空，顶有椭圆形口，兽头部分作为盖子，通过枢钮与兽身相连，可掀起扣合。

铜角端

明

高 34 厘米，长 23 厘米

青州市博物馆藏

头饰卷毛，头中部有一鹿角向后卷，耳与颈部披鬃毛，嘴角一周饰火焰纹，器身饰卷云纹，四足粗壮，踩踏一蛇，足踝部有倒刺状装饰，每足有四趾，尾小而弯曲。

铜麒麟

清

高 49 厘米，长 68 厘米

山东博物馆藏

麒麟头部装饰繁复，尖角翘须，凸目圆睁，张口卷舌，全身披盖精细的鳞片，蹲坐回首，尾巴扇形展开，四肢健壮，蹄形足。

礼赞

集古铸新

　　明宣德三年（1428），宣宗皇帝令工部、礼部利用暹罗国所进贡的数万斤风磨铜铸制祭祀用器，以《宣和博古图》等典籍中收录的三代铜器为蓝本，铸造出名冠天下、垂范后世的宣德炉。宣德炉一问世，就受到世人的热烈追捧，成为当时的"古玩之首"。明人文震亨所著《长物志》论及香炉，认为三代秦汉的香炉皆"备赏鉴"，唯宣德彝炉"最为适用"。明清时期多元的世俗审美促进了宣德炉的传承和创新，重塑宣德炉成为一种艺术风尚。历代仿制者中，不乏古雅奇丽的精品，诸多造型独特、外观精美的宣德炉，在中国古代冶炼史中绽放出耀眼夺目的光芒。

宣德铜炉

清

高 21.5 厘米，口径 44 厘米

山东博物馆藏

双冲耳，圆口，扁鼓腹，三乳足。底为"大明宣德年制"楷书款。

双耳小炉

明

高 11.5 厘米，口径 11 厘米

山东博物馆藏

圆口，方唇，平折沿，束颈，鼓腹，朝冠耳，下承三蹄足。口沿下环饰一周回纹，耳侧饰如意云头纹，足上部饰凸起的圆点纹。

双耳四足铜宣德炉

明

高 13.5 厘米，口长 16 厘米

山东博物馆藏

长方口，厚方唇，平折沿，束颈，肩出朝冠耳，扁鼓腹，下承四蹄足。底有"宣德年制"篆书款。

宣德铜炉

清

高 20 厘米，口径 32.5 厘米

山东博物馆藏

双桥耳，圆口，束颈，扁鼓腹，下承三乳足。

宣德铜炉

清

高 15 厘米，口径 23 厘米

山东博物馆藏

圆口，束颈，颈腹两侧饰虬龙耳，鼓腹，圈足。外底有"内用"两字款，周围环绕以双龙纹。

宣德铜炉

清

高 8 厘米，口径 15.5 厘米

山东博物馆藏

圆口，方唇，平折沿，束颈，扁鼓腹，左右置对称狮耳，下承三足。底有"庚辰年制敬斋清玩"楷书款。

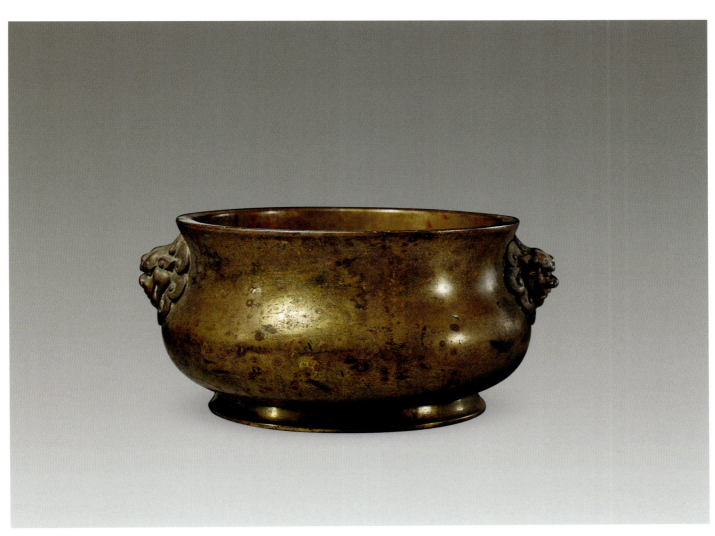

宣德铜炉

清

高 8 厘米，口径 13.5 厘米

山东博物馆藏

圆口微侈，鼓腹，腹两侧有双狮耳，圈足。外底有"大明宣德年制"楷书款。

宣德铜炉

清

高 9.5 厘米，口径 23 厘米

山东博物馆藏

圆口微敛，鼓形腹，两侧各有一狮耳，下承三蹄足。底为"大明宣德年制"楷书款。

瑞兽纹兽耳铜炉

清

高 7.8 厘米，口径 22 厘米

山东博物馆藏

圆口，直腹，两侧各饰一兽耳，圈足。腹部顶端和底端各环绕一条精细的回纹带，中间浮雕一周瑞兽，下为汹涌澎湃的波涛。

底为"大清乾隆年制"篆书款。

海水瑞兽纹铜方炉

清

高 11.5 厘米，口长 17.4 厘米

山东博物馆藏

长方形，侈口，方腹渐下收，四足。腹部置对称兽耳，饰海水瑞兽图等纹饰。底有"大明宣德年制"楷书款。

戟耳筒式炉

明

高 6.4 厘米，口径 9.1 厘米

山东博物馆藏

圆口，直腹略微内收，两侧各置一戟形耳，下承外撇圈足。

象耳四象首足铜炉

清

高 14.3 厘米，口径 16.4 厘米

山东博物馆藏

方口，束颈，颈部两侧各饰一象形耳，鼓腹，底部承四象首足。口沿下环绕一周不规则回纹。底为"大明宣德年制"楷书款，款外围以双龙纹。腹内刻"太极殿用第十一号"。

象耳人形足铜炉

清

高 16.6 厘米，口径 15.2 厘米

山东博物馆藏

圆口，方唇，平折沿，束颈，鼓腹，两侧饰象首形耳，下承三顽童扛鼎足。颈部精雕双龙赶珠；顽童们身着贴身服饰，坦胸露腹，膝盖弯曲，一足稳固着地，另一足上屈，面部表情集中而专注，嘴巴微张。底有"宣德年制"篆书款。

洒金卷云足筒式炉

明末

高 11.8 厘米，口径 13 厘米

山东博物馆藏

圆口，直腹，腹面洒金，下承三卷云纹足。底为"宣德年制"篆书款。

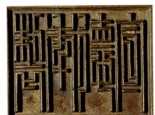

宣德铜炉

清

高 7.5 厘米，口径 13 厘米

山东博物馆藏

圆口，平沿，扁鼓腹，左右置押经耳，下承三乳足。底为"宣德年制"篆书款。

宣德铜炉

清

高 10.5 厘米，口径 20.8 厘米

山东博物馆藏

圆口，平沿，扁鼓腹，两侧各置一押经耳，圈足。足下配有后加的底座。底为"宣德年制"篆书款。

双耳三足宣德铜炉

明

高 10.4 厘米，口径 7.2 厘米

山东博物馆藏

敞口，斜壁，炉身如倒置的马蹄形，双耳，平底，三兽形足。底有"大明宣德年制"楷书款。

涡纹戟耳法盏炉

清

高 10.2 厘米，口径 14.3 厘米

山东博物馆藏

敞口，折沿，身如仰钟，双耳似戟，又似如意，下承三蹄足。腹部饰火纹，底有"宣德年制"篆书款。

铜宣德炉

清

高 10.5 厘米，口长 14.5 厘米，宽 12.5 厘米

山东博物馆藏

长方口，深直腹，双戟耳，四足。底为"大明宣德五年监督工部官臣吴邦佐造"楷书款。

台几式铜方炉

清

高 11.7 厘米，口长 18.9 厘米，宽 12.7 厘米

山东博物馆藏

形状似台几，平口，双耳，颈身平顺斜下，颈内微收，四方足。底为"大明宣德年制"楷书款。

铜宣德炉

清

高 11.4 厘米，口径 15.7 厘米

山东博物馆藏

圆口，方唇，折沿，束颈，扁鼓腹，三矮足。底为"宣德年"篆书款。

宣德铜炉

清

高 11 厘米，口径 18.3 厘米

山东博物馆藏

圆口，方唇，宽折沿，束颈，扁鼓腹，三矮足。底为"宣德年制"篆书款。

宣德铜炉

清

高 14 厘米，口径 27 厘米

山东博物馆藏

圆口，方唇，宽折沿，束颈，扁鼓腹，圈足。底为"宣德年制"篆书款。

阿文铜炉

清

高 6.3 厘米，口径 15 厘米

山东博物馆藏

圆口，方唇，折沿，束颈，扁鼓腹，三矮足。腹部满饰阿拉伯文，底为"大明宣德年制"楷书款。

海兽纹簋式铜炉

明

高 9 厘米，口径 15.5 厘米

山东博物馆藏

圆口，鼓腹，双兽耳，圈足微外撇。口沿下部饰凤鸟纹，腹部以海水纹为地，饰衔龙纹、凤鸟、海马等纹饰。圈足饰缠枝花卉，表面鎏金部分有脱落。底为"云间朱震明制"篆书款。

寿桃佛手石榴足铜炉

清 乾隆

高 14.4 厘米,口径 30.7 厘米

山东博物馆藏

圆口,方唇,平折沿,束颈,扁圆腹,花枝形三足。花枝分别为佛手、寿桃与石榴。底有"乾隆御制"款。

竹节形铜宣德炉

清

高 7.5 厘米，口径 13 厘米

山东博物馆藏

圆口，直腹，腹部饰以双竹节，下承三足，亦作竹节形。底有"宣德年制"楷书款。

二龙戏珠纹铜宣德炉

清

高 9.2 厘米，口径 17 厘米

山东博物馆藏

圆口，短颈，扁鼓腹，圈足。腹部精雕双龙赶珠图。底有"宣德年制"篆书款。

梅枝铜炉

清

高 12 厘米，口径 13 厘米

山东博物馆藏

敛口，鼓腹，圜底。双耳和三足均为梅枝状。

象足铜炉

明

高 15.6 厘米，口径 11.6 厘米

山东博物馆藏

盘口，双绳耳，腹上部饰三道凸弦纹，腹部高浮雕三象头，象鼻内卷着地，形成三足。底为"大明宣德年制"楷书款。

兽耳四足铜熏炉

清

高 25 厘米，口长 18.8 厘米，宽 14.5 厘米

山东博物馆藏

长方体，方唇，折沿，束颈，鼓腹下收，腹部两侧饰对称狮耳，下承四个兽形足。方形镂空盖，饰云纹与龙纹，并有莲花状盖钮。颈部以云雷纹为地，上饰夔龙纹与"王"字铭文。

共鸣

探索知新

论宋代青铜豆的认识与复古

苏荣誉

商周辉煌的青铜艺术至西汉末年趋于式微，北宋后期诞生了金石学，复古青铜器也似乎盛极一时，有学者称之为青铜器复兴。[1] 其高潮在宋徽宗时期，政和至宣和年间铸造了不少复古青铜器，陈芳妹将见诸文献者做了统计，除大晟钟外计 26 件。[2]

北宋复古铸造铜礼器之举，被元、明、清所继承和延续，学术界通常将这一阶段称为晚期青铜器（late period bronze）。然而，由于各阶段对古器认识的不同、原本信息和态度不同，结果大相径庭。此前笔者与周亚和艾素珊一道，依据上海博物馆收藏的一件宣和豆，结合台北故宫收藏的铜豆与金文著录的一件，初步讨论过宋代复古铜豆的问题。[3] 然而，晚期的复古铜器是一种相当复杂的社会文化、艺术与技术现象，本文从青铜豆出发，在知识史背景下考察宋代对铜豆的认知，并在此背景下认识宋代铜豆的复古。

一、青铜豆

豆作为一种容器，在新石器时代已很普遍，既有陶质，也有木质，其基本形态是盘形容器下接喇叭形或柱形高足，通常称之为校。商代的甲骨文中已有"豆"字，其字形即钵形容器下接喇叭形校。

青铜豆出现于商晚期，安阳郭家庄殷墟晚商晚期墓出土的一件青铜豆 M1∶21，通高 94、口径 102、校底径 75 毫米；出土时其中似有鸡骨。豆盘作盆形，较深，斜沿，圆唇外出，腹部饰两周凸弦纹，圜底下接粗径桶形校，校壁略内弧，底沿外撇（图 1）。[4] 有商一代，青铜豆的数量有限，年代基本属于晚商晚期，可以认为是青铜豆的滥觞阶段。

青铜豆在西周开始增多。1992 年，台北故宫博物院收藏一件晋侯对豆形器，通高 165、口径 270、校底径 192 毫米。浅盘壁直略外斜，外饰重

图 1　安阳郭家庄弦纹豆（引自《中国青铜器全集》卷 2 图 102）

[1] Robert D. Mowry, *China's Renaissance in Bronze: The Robert H. Clague Collection of Later Chinese Bronzes 1100–1900*, Phoenix:, AZ: Phoenix Art Museum, 1993.

[2] 陈芳妹：《宋古器物学的兴起与仿古青铜器》，《美术史研究集刊》第 10 期，2001 年，第 101—103 页，表 3。这个统计当然不够完善。陈文又收入颜娟英主编：《美术与考古》（下册）（台湾学者中国史研究论丛），中国大百科全书出版社，2005 年，第 347—457 页。

[3] 苏荣誉、周亚、［美］艾素珊：《宋代铜豆初探》，陈建明主编：《复兴的铜器艺术——湖南晚期铜器展》，中华书局，2013 年，第 249—265 页。

[4] 中国社会科学院考古研究所安阳工作队：《1987 年夏安阳郭家庄东南殷墓的发掘》；《考古》1988 年第 10 期，第 875—881 页。《中国青铜器全集》卷 2，文物出版社，1997 年，图 102。

图 2.1　晋侯对铺（台北故宫博物院藏，张莅博士惠赠）

图 2.2　晋侯对铺铭文摹本（引自《故宫学术季刊》卷 17 期 4，页 56 图 8）

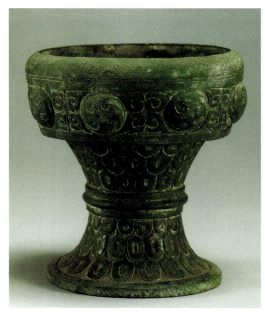

图 3.1　周生豆（引自《中国青铜器全集》卷 5 图 75）

图 3.2　周生豆铭文拓本（引自《殷周金文集成》4682）

环纹带；底微圜，下接透空腰鼓形校，饰环带纹（图 2.1）。豆盘底铸铭四行二十三字铭：

> 唯九月初吉庚
>
> 寅晋侯对作铸
>
> 䵼䵣用旨食
>
> 大䵤，其永宝用（图 2.2）。

器名从厂从甫，陈芳妹以为是铺，铸作年代为西周中期。[1] 吴镇烽以为䵤为㝬食两字。[2] 此器与安阳郭家庄豆的形态相比，盘浅，圈足透空，满纹饰。体现出铺的特色。

然而，安阳郭家庄豆的形态，在西周时期依然得到延续。1978 年，宝鸡西高泉春秋早期秦墓中出土一件西周晚期的周生豆（图 3.1），通高 196、口径 150、校底沿径 143 毫米，豆盘铸铭两行十字（图 3.2）：

> 周生作尊豆
>
> 用享于宗室。[3]

此器自名为豆，敛口弧沿，腰鼓形腹，腹壁略外弧，饰一周纹带，由均布的八个外凸圆泡及与之相间的云纹构成，圆泡上饰涡纹。豆盘底部略平，下接腰鼓形校。校两头大张，底端甚于顶端，其中以中间起凸棱的带束腰，校的上下段各饰三周羽鳞纹，均交错布置。

与安阳郭家庄豆相较，周生豆的豆盘较浅，口敛，满器纹饰。自名为豆，可以认为是西周青铜豆的典型。

1976 年，扶风庄白一号西周青铜器窖藏中出土的西周晚期微伯癲簠 76FZH1：27（图 4.1），造型和晋侯对铺一致，通高 139、口径 278 毫米，盘底铸铭两行十字：（图 4.2）[4]

1　陈芳妹：《晋侯䵼铺——兼论铜铺的出现及其礼制意义》，《故宫学术季刊》第 17 卷第 4 期，2000 年，第 53—108 页。

2　吴镇烽：《商周青铜器铭文暨图像集成》卷 13，上海古籍出版社，2012 年，第 06153 号。

3　宝鸡市博物馆、宝鸡县图书馆：《宝鸡县西高泉村春秋秦墓发掘记》，《文物》1980 年第 9 期，第 1—6 页。《中国青铜器全集》卷 5，文物出版社，1996 年，图 75。

4　陕西周原考古队：《陕西扶风庄白一号西周青铜器窖藏发掘简报》，《文物》1978 年第 3 期，第 1—18 页。宝鸡市周原博物馆：《周原庄白西周青铜器窖藏考古发掘报告》，科学出版社，2016 年，第 57—58 页，图版 106—107。

微伯作瘝箮

其万年永保"。

该器圆形豆盘较浅，斜沿显得其口略敞，弧唇略外出，腹外壁饰重环纹带，底圜，下接透空环带纹腰鼓形校。校较粗，除环带外皆透空，包括环带中的口形。自名为箮，与晋侯对厠自名相近。唐兰认为此器名箮即簠，是簠的本字。与《说文》"簠，黍稷圆器也"的说法一致。宋以后金石学家将臣诚作簠。[1]

1966 年，京山苏家垄曾国墓出土一对两周之际或春秋早期豆，造型与晋侯对铺相同，通高 202、口径 256 毫米，校底径 190 毫米，浅盘腹壁外饰窃曲纹带，透空饰环带纹（图 5.1），内底铸铭两行八字：（图 5.2）[2]

曾中斿父

自作宝甫。

图 4.1　微伯箮（引自《周原庄白西周青铜器窖藏发掘报告》图版 106）

图 4.2　微伯箮铭文（引自《周原庄白西周青铜器窖藏发掘报告》图版 107）

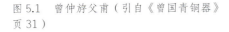

图 5.1　曾仲斿父甫（引自《曾国青铜器》页 31）

图 5.2　曾仲斿父甫铭文（引自《曾国青铜器》页 32）

三门峡虢国墓地出土的一件虢季豆，年代同在两周之际或略晚，亦自铭为甫，写法与曾仲斿父甫相同。[3] 二器之甫可能是箮的转写。

上述诸器均无盖。故宫博物院藏的一件春秋中期青铜豆，系 1932 年曲阜林前村出土，有盖与豆盘扣合。豆盘斜沿，方唇外出，腹壁较直，圜底下接高校，校为上粗、中束腰、下为喇叭座之形，底沿设立裙。盖隆鼓，形若覆碗，顶设八透空花瓣握手，握手中纹饰不明，器通体饰变形蟠虺纹，除握手外一周纹带为细线外，其余纹线均宽如带状，圈足亦透空（图 6.1）。通高 286 毫米。盖、器对铭，各四行二十五字：（图 6.2）[4]

[1] 唐兰：《略论西周微史家族窖藏铜器群的重要意义——陕西扶风新出墙盘铭文解释》，《文物》1978 年第 3 期，第 19—22 页。

[2] 湖北省博物馆：《湖北京山发现曾国铜器》，《文物》1972 年第 2 期，第 47—53 页。湖北省文物考古研究所：《曾国青铜器》，文物出版社，2007 年，第 30—32 页。

[3] 河南省文物考古研究所：《三门峡虢国墓地》第一卷，文物出版社，1996 年，第 56 页。

[4] 故宫博物院：《故宫青铜器》，紫禁城出版社，1999 年，第 239 页。中国社会科学院考古研究所编：《殷周金文集成》，中华书局，1988 年，第 4689.2 号。

图 6.1　鲁大司徒匜（引自《故宫青铜器》页 239）

图 6.2　鲁大司徒匜铭文拓片（引自《殷周金文集成》4689.2）

鲁大司徒厚氏

元作膳匜，其眉

寿万年无疆，子子

孙孙永宝用之。

此器自铭为"匜"，读音或与上述甬、簠、甫相同，或都是一种转写。

1977 年，农民在沂水刘家店子取土发现青铜器，次年对该遗址清理，发掘出两座墓。一号墓的南器物箱出土的青铜器中，有一列七件成组的盖豆，其结构近乎鲁大司徒匜，但造型不同。其中一件通高 368、口径 235、足径 175 毫米。[1]

这组器的豆盘较浅，斜沿窄唇，沿下两周交错排布的细小方鳞纹下排布一周三角纹，但其中填三个同样的方鳞纹。豆盘壁向下弧收，圜底下接腰鼓形高校，其中间最细处饰变形蟠螭纹带，带之上素面，带之下饰向下逐渐变大的九行方鳞纹，鳞纹中间透空。校底喇叭形外撇，底沿有窄立裙。盖呈半球形隆起，口沿上饰变形蟠螭纹带，沿口浮雕四个小浮雕兽，略伸出盖沿可卡在豆盘之唇。沿上纹带之上，隔一窄素带，饰八行小方鳞纹组成的纹带，带上布一周三角纹，其中亦填四行小鳞纹。盖顶为八个外撇的透空花瓣组成的提手，其中间饰一环状变形蟠螭纹带（图 7.1）。豆盘底铸铭"公篮"二字。[2]

发掘简报将一号墓的年代定为春秋中期。细方鳞纹是对西周晚期流行的垂鳞纹的改变，连同蟠虺纹成为这一时期的新气象。器自铭为篮，但无耳而高校，显然与流行的双耳篮不同，然发掘简报仍将其定为篮，并讨论葬制。《殷周金文集成》则将其置于豆类。故宫博物院收藏的两件西周晚期卫姒豆，铭亦自名为篮。[3] 说明称豆为篮者并非个案。

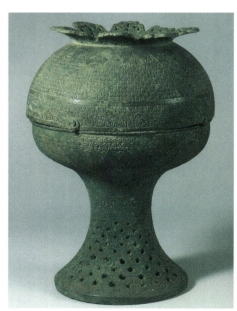

图 7.1　公豆（引自《中国青铜器全集》卷 9 图 70）

图 7.2　公豆铭文拓本［引自《殷周金文集成》（修订增补本）04654］

1　山东省文物考古研究所、沂水县文物管理站：《山东沂水刘家店子春秋墓发掘简报》，《文物》1984 年第 9 期，第 1—10 页。《中国青铜器全集》第 9 卷《东周（三）》，文物出版社，1997 年，图 70。

2　《殷周金文集成（修订增补本）》，中华书局，2007 年，第 04654 号。

3　故宫博物院：《故宫青铜器》，紫禁城出版社，1999 年，第 210 页。

以上诸器均是春秋中期之前器，笔者将之划为古典阶段。这段时期的青铜豆，基本结构是钵形豆盘下接腰鼓形校，数量不多。其中一类豆盘呈浅盘形，底平或近平，校往往透空，自铭铺或转写的名色较多。朱凤瀚指出："此种器形既尚难与典籍中某种器名相印证，故可径以其自铭称之，……（铺）的器型总的特征合于豆，或说属于豆类。"[1]

在商周青铜器中，这类器的一个显著特征是足透空。类似的现象在商代青铜瓶上出现数例，但在西周时期青铜豆上颇为普遍，[2]缘何如此，值得讨论。春秋晚期开始，青铜器生产发生革命性变革，进入了新兴期。[3]豆的形态发生了很大变化。

1978年，在固始侯古堆发掘的一号墓，年代属于春秋晚期。其陪葬坑中出土一件带盖方豆M1P：36，截面方形，有盖，通高297、口边长158毫米。器盖与腹皆为斗形，且大小相若，均为斜沿，为便于扣合，沿袭前揭公豆的做法，在盖沿每边设一对片状兽面并伸出沿外，扣合后可卡在豆盘沿外。豆盖和腹的四壁各饰三周兽纹带，并以"工字纹"带作边和区隔，盖四壁自上而下的兽纹带分别为顾首、顾首和奔跑状，腹壁自上而下为奔跑、顾首和顾首状；二者均在两侧壁靠口沿的纹带中间，各设环钮，上下相对并一律。腹底下接八棱形柱状柄，八面均饰竖立的"工字纹"，柄下端插在喇叭形底座的圆台中，台面饰一周兽纹带，内、外均以弧形"工字纹"作边；底座下端有立裙，其外饰一周"工字纹"带。盖的四棱顶部均设环钮，与侧壁环钮一致，在盖可倒置时为足。盖面微内凹，盖面中心饰漩涡纹，其外饰四组两顾首兽纹（图8.1）。盖内和内底铸铭四字"似之饮盍"（图8.2）。该器的所有纹饰，包括漩涡纹、兽纹和"工字纹"均红铜铸镶形成，[4]属于半铸镶。[5]

这件方豆做工十分华丽，自铭"盍"不见于他器，或者出自方言亦未可知。方豆是豆类器中一个特殊分支，数量少，其特殊性尚有待研究。

图8.1　固始侯古堆方侯古堆方盍（引自《固始侯古堆一号墓》彩版17.1）

图8.2　侯古堆方盍盖内铭文（引自《固始侯古堆一号墓》彩版17.4）

[1] 朱凤瀚：《中国青铜器综论》，上海古籍出版社，2009年，第147—149页。

[2] 苏荣誉：《妇好墓青铜器与南方影响——殷墟青铜艺术与技术的南方来源与技术选择新探》，见河南省文物考古研究院、香港承真楼编：《商周青铜器铸造工艺研究》，科学出版社，2019年，第1—68页。

[3] 苏荣誉等：《中国上古金属技术》，山东科学技术出版社，1995年，第371—372页。

[4] 河南省文物考古研究所：《固始侯古堆一号墓》，大象出版社，2004年，第38、42页，图49.2、50，彩版17.1—4。

[5] 苏荣誉、王丽华：《枣庄徐楼出土铸镶红铜青铜器探讨——兼及红铜铸镶纹饰青铜器的时代与产地问题》，见山东省文物考古研究所等编：《青铜器与山东古国学术研讨会论文集》，上海古籍出版社，2017年，第391—442页。

图 9.1　仲姞豆（引自《中国出土青铜器
全集·山东（下）》页 285）

图 9.2　仲姞豆铭文（引自《中国出土青
铜器全集·山东（下）》页 285）

1987 年，农民在临淄白兔丘村的东淄河滩发现一件青铜豆，失盖，豆盘作半球形，宽平沿，无唇，沿内侧出较厚子口，子口向内收拢，以便与盖扣合。豆盘两侧相对设环形钮，圜底下接高柄，柄截面圆形，中间收束，下端呈喇叭形（图 9.1）。通高 212、口径 180 毫米，年代被定在春秋。腹内壁铸铭四行二十一字，简报隶定为：（图 9.2）[1]

惟王正九月辰

在丁亥椒可

忌作厥元子

仲姞媵女鐈。

此器可称为仲姞豆，素面。铭文最后一字，《中国青铜器全集》隶定为鐈。据十四年陈侯午敦，该字释为敦。[2]将此豆名敦，是为仅见，个中背景，尚待深入揭示。吴镇烽指出铭文二十一字，后段隶定为"梁伯可忌作厥元子仲姞媵鐈"，将年代定在战国时期，可采信。[3]

1956 年，农民在临淄姚王村凤凰塚打井发现一批青铜器，其中一件豆，通高 400、口径 251、底径 191 毫米。同出鼎铸铭"国子"，该豆虽无铭，也衍称"国子豆"。[4]此器浅圆豆盘，平沿，侈口，盘壁斜，圜底下接高柱形柄，其上均饰三组凹弦纹，皆由三曲组成；柄下端出喇叭形座，座有矮立裙（图 10）。《中国青铜器全集》定其时代为春秋，可能偏早，或是战国之器。

1966 年洛阳玻璃厂内发掘的 M439 是成哀叔墓，出土青铜器中有一件豆，素面，有盖，以子母口与豆盘扣合，子口设在豆盘口沿内侧。豆通高 245、口径 200 毫米（图 11.1）。豆盘内底铸铭"哀成叔之鼟（登）"（图

图 10　临淄姚王村豆（引自《中国青铜器全集》卷 9 图 18）

1　张龙海：《山东临淄出土一件有铭铜豆》，《考古》1990 年第 11 期，第 1045 页。文章指出铭 21 字，但隶释仅 20 字。

2　李伯谦主编：《中国出土青铜器全集·山东（下）》，第 285 页。《殷周金文集成（修订增补本）》，第 04646、04647 号。前者录铭文也是 20 字，并误将出土年为 1970 年。

3　吴镇烽：《商周青铜器铭文暨图像集成》卷 13，上海古籍出版社，2012 年，第 06152 号。

4　杨子范：《山东临淄出土的铜器》，《考古通讯》1958 年第 6 期，第 50—52 页。《中国青铜器全集》第 9 卷《东周（三）》，图 18。两文献所记尺寸有出入，从后者。

11.2），称豆为登，目前仅见此例。经对同出鼎铭考证，其铸于公元前376—372年，为战国中期。[1] 吴镇烽将末一字隶定为登。[2]

较哀成叔墓略早，属于战国早期晚段的临淄相家庄出土六号墓，墓室经严重盗掘，但陪葬的器物箱却免于劫掠，出土三十四件青铜器，其中包括方豆一件、盖豆和花口盘豆各两件，均无铭文。方豆LXM6X：15通高394、豆盘218×165、足径164毫米。豆盘口作圆角长方形，折沿，显得口敞，浅腹素面，柱状高柄饰三道凸弦纹，其下接喇叭形足，素面，与侯古堆出土方豆出入较大。同出的一件盖豆LXM6X：7，通高510、口径194、足径184毫米。半球形豆盘，口沿内侧出子口插入盖内扣合，沿下对设两个环耳，柱形高

图11.1　哀成叔豆（引自《中国出土青铜器全集·河南（下）》页412）

图12　临淄相家庄盖豆（引自《山东省文物考古研究院藏文物精粹·铜器卷》页203）

柄下接喇叭形足。盖呈半球形，上面均设三个鸟形环耳。盖面和高柄各饰三组凹弦纹，除口上一组为四曲外，余皆三曲；腹部饰两组，口沿下四曲、下腹三曲，而足面所饰一组亦三曲（图12）。一件花口盘豆LXM6X：24通高414、口径276、足径192毫米。豆盘的口作花瓣形，折沿，平底。高柄下接喇叭形足，柄中饰一道凸棱形箍，余皆素面（图13）。[3]

较哀成叔墓晚的平山三汲中山王𰯼墓，出土两对四件青铜豆，其中两件一对为平盘盖豆（XK：11和XK：12，图14），另两件一对为方座盖豆（XK：14、XK：13），四件豆均素面，前者盖面有三个云形环钮，后者腹为瓜形，两侧设相对的环耳，隆鼓盖中有圆握手，形态近乎哀成叔豆。这四豆都有刻铭，但均属物勒工名性质，不涉及器名。[4]

1933年，寿县李三孤堆大墓被盗掘，文物四散，据其青铜器铭文，推测墓主为楚幽王熊悍。调拨给故宫博物院的一件豆是七件一组铸客豆之一，通高300、口径142毫米。钵形豆盘较深，平沿无唇，圜底下接上略粗下略细的柱形高柄，柄下端出喇叭形底。通体素面，沿下外壁錾刻铭文"铸客为王后六室为之"（图15）。[5]

[1] 洛阳博物馆：《洛阳哀成叔墓清理简报》，《文物》1981年第7期，第65—67页。赵振华：《哀成叔鼎的铭文与年代》，《文物》1981年第7期，第68—69页。李伯谦主编：《中国出土青铜器全集·河南（下）》，科学出版社，2018年，第412页。

[2] 吴镇烽：《商周青铜器铭文暨图像集成》卷13，第06116号。

[3] 山东省文物考古研究所：《临淄齐墓（第一集）》，文物出版社，2007年，第291页，图215.2—4，图版87.1—2，彩版18.3。山东省文物考古研究院：《山东省文物考古研究院藏文物精粹·铜器卷》，文物出版社，2021年，第203页。李伯谦主编《中国出土青铜器全集·山东（下）》，第387页。

[4] 河北省文物研究所：《𰯼墓——战国中山国国王之墓》，文物出版社，1995年，第116页。

[5] 故宫博物院：《故宫青铜器》，第318页。容庚：《商周葬器通考》，哈佛燕京学社，1941年，第370页。

图 13 临淄相家庄花口豆（引自《中国出土青铜器全集·山东（下）》页 387）

图 14 平山三汲平盘豆（引自《中国青铜器全集》卷 9 图 152）

图 15 铸客豆（引自《故宫青铜器》页 318）

春秋晚期开始，青铜豆普遍设盖，豆盘既延续此前的钵形和浅圆盘形，又出现了方形、半球形以及花口的浅盘形，足由此前的腰鼓形校演变成高柄带座足，柄有柱形、多棱形和节状的分别，甚至出现盖与器腹对称结构的形态；豆座则有连体和铸接的不同。自名者不多，有盌、敦和登的差别，包括"豆""铺"等较早名称则不复出现。

很明显，以上罗列反映出豆是一类形态变化多、自铭较复杂的器类，[1]对于后世的金石学家和藏家，均是一个难题。

二、宋代著录的青铜豆

中国自称礼仪之邦，礼仪制度严苛，但用之于礼仪活动、作为礼仪象征的礼器，常常成为一个时代的困惑，源头在于汉代郑玄（127—200）的歧解，故自斯始有礼图之作，但早期礼图没能传诸后世。五代学官聂崇义（生卒不详）搜集多家礼图而编纂的《新定三礼图》，完成于北宋，往往被后世奉为圭臬。但其因文图器，不合理之处颇多，遭到了诸多士大夫和学者的诘难。随着对三代青铜器的搜集和认识，便有了青铜器著录的编撰。两相对照，不同知识背景和取向对礼器的认知路径大相径庭。本文以豆为例进行讨论。

1. 礼书的豆

北宋建隆三年（962），聂崇义的《新定三礼图》梓行。[2]《三礼图》是三礼名物的图解，因系文本稽考，图绘与

---

[1] 李零、刘雨：《楚郘陵君三器》，《文物》1980 年第 8 期，第 29—33 页。

[2]（宋）聂崇义：《新定三礼图》，卷第十三鼎俎图，见郑振铎主编：《中国古代版画丛刊》（一），上海古籍出版社，1988 年，第 181 页。聂崇义五代曾任后汉国子礼记博士，后周迁国子司业太常博士，宋仍任太常博士，著《三礼图》或《三礼图集注》二十卷，是其参考多种古代《三礼图》所撰辑，成书于后周显德四年（957）。宋时欧阳修、沈括即已指其与"三礼"注解不合。但"事实上，《三礼图》的传统一直到明清都没有完全消除"。见许雅惠：《〈宣和博古图〉的"间接"流传——以元代赛因赤答忽赛墓出土陶器与〈绍熙州县释奠仪图〉为例》，《美术史研究集刊》14 期，2003 年，第 17 页。

三代礼器出入颇大。[1] 李零指出，《三礼图》的"来源是东汉礼学，特别是三礼郑玄注"，"图解虽然也包含着一定的器物学知识，即东汉时期的器物学知识，但它是因名图器，仅据礼文推测，并无实际根据，所绘图像，与真实器物差距很大，也是从书本到书本"。[2]

例如，关于豆，《新定三礼图》：

> 旧图云豆高尺二寸，漆赤中，大夫已上，画赤云气，诸侯饰以象，天子加玉饰，皆谓饰口足也。臣崇义案，《考工记》："旊人为豆，高一尺"。又郑玄注《周礼》及《礼记》云："豆以木为之，受四升，口圆，径尺二寸，有盖。"盛昌本、脾析、豚拍之臡、醢、蠃、兔、雁之醢，韭、菁、芹、笋之菹，麋臡、鹿臡之属。郑注《乡射记》云："豆宜濡物，笾宜干物"。故也。[3]

这里聂崇义没有指出旧图的原本，确认是木质的同时，只是觉得不如《考工记》准确。但是否照录了旧图也无交代，所给出的图较为模糊，也没有尺寸。聂氏豆的图（图16左），形态近乎战国时期的长柄青铜豆，长柱形柄下接覆碗形足，上接碗形豆盘，其上的隆盖有三个钮，形态不清，器外表所绘纹饰均无法分辨。

有趣的是，《新定三礼图》中接续豆的是笾，据郑玄注："以竹为之，口有藤缘，形制如豆，亦受四升，盛枣、栗、桃、梅、菱芡、脯修、膴鲍、糗饵之属。"图表现出柱形高柄若竹，浅平盘和覆碗形足具竹编质地，但盘口未见藤编之态（图16中）。单从形态看，豆盘与前揭青铜铺相一致。

有趣的是《新定三礼图》的登，来自梁正阮氏图："登盛湆，以瓦为之，受十二升，口径尺二寸，足径尺八寸，高二尺四寸，小身有盖似豆状。"形态与豆一致颇自然，差别在于等盖中央为乳突钮而豆盖三钮，登外光素而豆外则满髹漆彩绘。（图16下）

宋哲宗元祐时太常博士陈祥道（1042—1093）所撰《礼书》（成书于元祐四年[4]，1089），也是考辑典籍而成，文录自《周礼》《礼记》等礼书，所附图则注明有梄豆和玉豆之别，而图与聂崇义

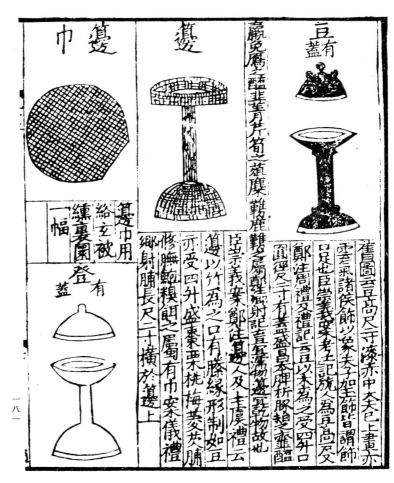

图16　三礼图豆与笾（《新定三礼图》卷13页181）

---

[1] François Louis, *Design By The Book: Chinese Ritual Objects and the Sanli tu*, New York: Bard Graduate Center, 2017, pp.19-38.

[2] 李零：《铄古铸今——考古发现和复古艺术》，生活・读书・新知三联书店，2007年，第68页。

[3] （宋）聂崇义：《新定三礼图二十卷》卷13，第7页，宋淳熙二年刻本。

[4] （宋）陈祥道：《礼书》卷101，第1—2页，东大文化学院东京研究所藏。

图 17　礼书豆
（《礼书》卷 101）

《新定三礼图》中的登相差无几（图 17）。

可见，礼书图绘的豆，似乎也包括了登，与笾相傍依。它们的材质有木、竹和陶诸类，未言有铜质者。其形象与登一致，均有盖，浅盘，细高校，覆碗形圈足，无装饰纹样。和三代青铜豆相较，形制似乎与临淄相家庄盖豆接近（见图 12），而且相当单一，但这类器不见自名为豆者。春秋中期祭器之前自名为豆或铺的类型，礼书则未予采纳。

然而，礼书中的豆是礼制中的颇为重要的器物，《周礼·掌客》："凡诸侯之礼，上公豆四十，侯伯豆三十有二，子男豆二十有四。"《礼记·礼器》："礼有以多为贵者，……天子之豆二十有六，诸公十有六，诸侯十有二，上大夫八，下大夫六。"诚如容庚所困惑："其数至多，然见于铜器者其数至少。"[1]不但无一与出土事实吻合，而且两部礼经所载相互矛盾，可见礼书之于实际礼制，不能采信。那么关于《周礼·醢人》所掌四豆之实的记载，也可推知其实难副。

2. 青铜器图录豆

迄今现存最早的青铜器图录是北宋吕大临（1040—1092）成书于元祐七年（1092）的《考古图》，其中著录有三件青铜豆。

杜嬬铺系庐江李（公麟）氏所藏，铭两行十字：

致（刘）公作杜嬬

尊铺永宝用

录文曰：

右得于京师，高五寸有半，深寸有半，径八寸，柄高四寸，铭十字。

按《公食大夫礼》，大羹清不和，实于鐙。鐙文从金，即金豆也。此器从金从甫，其形制似豆而卑，以为簠则非其类，以为豆则不名铺，古无是器，皆不可考。[2]

图中之器，形为浅圆盘下接腰鼓形校，与晋侯对铺一致。盘口微敛，外饰窃曲纹带，校中束腰的突棱所饰重环纹带不很清楚，上段纹饰或为变体窃曲纹，下段饰环带纹，底沿外撇较甚。图中豆盘底部露出近半，光素（图 18），两行十字铭文是否铸在内壁难以确定。

吕大临对于器物定名颇为严肃。此器形似豆，青铜质，应称鐙。但形态较豆矮，且铭文自名为铺，与簠出入较大，不能音转。形豆而称铺，为未见之器，存疑"不可考"。铭文第一字疑似"刘"，但不能确定，故摹写并存。

齐豆藏于河南张（景先）氏，敛口，豆盘作钵形，腹饰环带纹，底近平，下接高校。校壁内弧，顶饰云纹，中间饰环带纹，其下有勾连雷纹带，底外撇甚于顶。录文说器有盖（图 19），图顶部以平行弧线表现，但盖无钮，不便打开，颇独特。铸有三行三十字铭：

---

[1] 容庚：《商周彝器通考》，第 369 页。

[2]（宋）吕大临：《考古图》卷三，影印文渊阁四库全书 840 册，（台北）商务印书馆，第 150 页。《殷周金文集成（修订增订本）》隶定铭文为"𢼸公作杜嬬莫铺永宝用"（第 04684 号）。

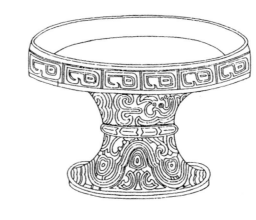

杜嬬鋪 廬江李氏
卷三
四八
致劉公作杜嬬
尊鋪永寶用
右得於京師高五寸有半深寸有半徑八寸柄高四寸
銘十字
按公食大夫禮大羹湆不和實于鐙鐙文从金即金豆
也此鋪字从金从甫其形制似豆而卑以為簠則非其
類以為豆則不名鋪古無是鋪皆不可攷

图 18 杜嬬铺（引自《考古图》卷 3 页 48—49）

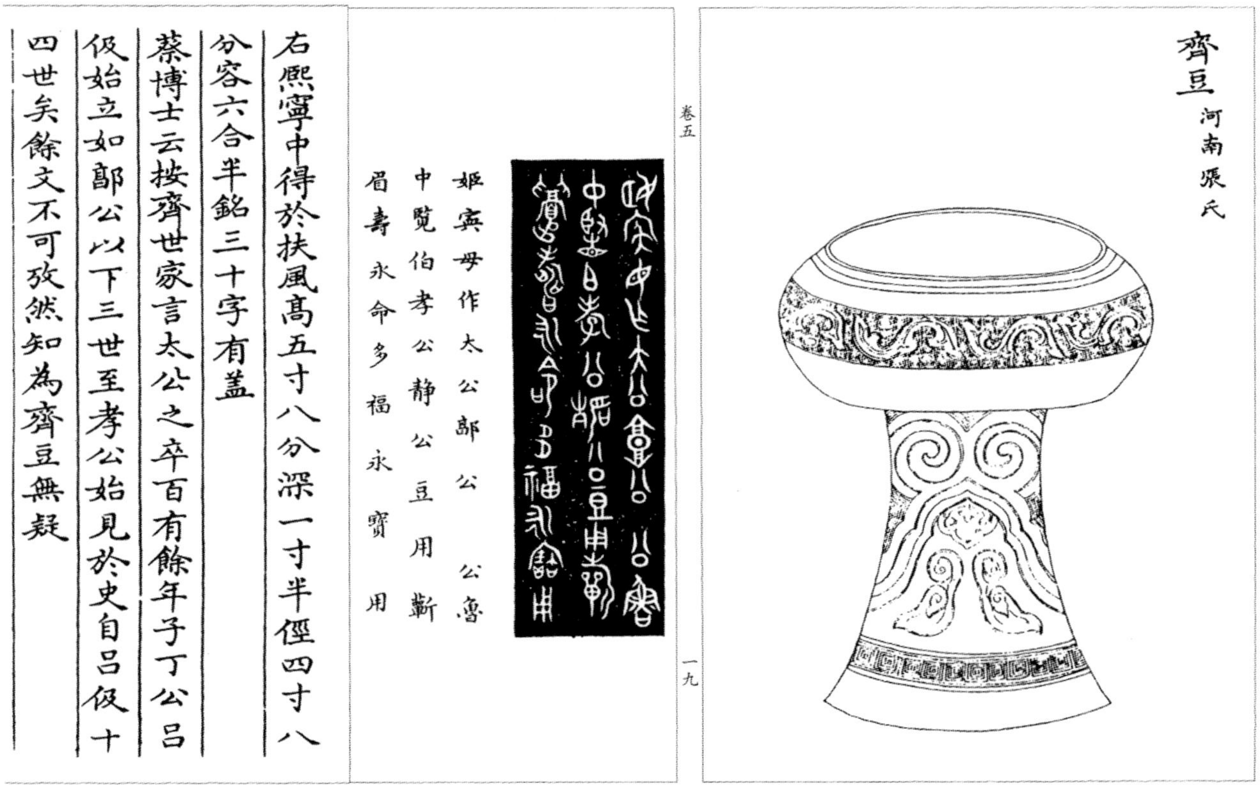

齊豆 河南張氏
卷五
一九
姬寏母作太公郚公 公魯
中覧伯孝公静公豆用蘄
眉壽永命多福永寶用
右熙寧中得於扶風高五寸八分深一寸半徑四寸八
分容六合半銘三十字有蓋
蔡博士云按齊世家言太公之卒百有餘年子丁公呂
伋始立如郚公以下三世至孝公始見於史自呂伋十
四世矣餘文不可攷然知為齊豆無疑

图 19 齐豆（引自《考古图》卷 5 页 19—20）

姬郜母作太公宾公　公鲁

中览伯孝公静公豆用蕲

眉寿永命多福永宝用

《殷周金文集成》修订增补版认为此器年代属春秋，将铭文隶定为：

姬寅母作大公、墉公、□公、鲁

仲𢒫、省伯、孝公、静公豆，用祈

眉寿，永命多福，永宝用。[1]

《考古图》的录文曰：

右熙宁中得于扶风。高五寸八分，深一寸半，径四寸八分，容六合半，铭三十字。有盖。

蔡博士云：按《齐世家》言，太公之卒百有余年，子丁公吕伋始立，如郜公以下三世至孝公始见于史，至吕伋十四世矣。余文不可考，然知为齐豆无疑。[2]

蔡博士当为蔡京（1047—1126）。吕大临对此豆铭文的隶定，仅三字有较大出入，器自名豆。并采信蔡京之论，

图 20　篆足豆（引自《考古图》卷 5 页 21）

豆出于齐。吴镇烽根据此豆铭文与扶风巨良海家出土的师𡐄钟铭文中人名基本相同，认为第九个未摹之字为𢒫，第十四字将嗇误摹为省。辛怡华认为二器应属同一家族世系。并推测寅母当是静公之妻，是师𡐄之母。[3] 然刘雨考证，这两件器属曹国。[4]

篆足豆是秘阁藏品（图 20），结构近于前揭哀成叔豆。《考古图》录文曰：

右不知所从得，并高九寸，深三寸有半，径五寸有半，容二升，无铭识。

按此豆其盖与齐豆异。[5]

此器无名，吕大临定之为豆，可能是与齐豆参比而得。两相比较，此器腹与齐豆一致，校也颇为相近，但此器校底有立裙。此外，诚如《考古图》所言，二器的盖大不相同，齐豆的盖若圆

1 《殷周金文集成（修订增订本）》第 04693 号。

2 （宋）吕大临：《考古图》卷五，第 19、20 页，影印文渊阁四库全书第 840 册，第 199—200 页。《殷周金文集成》名此器为姬寅母豆（卷 9，中华书局，1988 年，第 4693 号）。

3 吴镇烽：《商周青铜器铭文暨图像集成》卷 13，第 06159 号。辛怡华：《宝鸡出土商周青铜器铭文研究》，陕西人民美术出版社，2024 年，第 476—478 页。

4 刘雨：《师𡐄钟和姬寅母豆》，《古文字研究》第 26 辑，中华书局，2006 年，第 165—171 页。

5 （宋）吕大临：《考古图》卷五第 21 页，影印文渊阁四库全书第 840 册，第 199—200 页。

形瓜片，但此器的盖形若覆碗，豆盘沿内所设子口扣合入盖，二者合成略扁的球形。盖面设圆圈形握手，上面饰"篆"纹，与校下段所饰相同，实则为细线雷纹，与齐豆的环带纹差异甚大。

《考古图》著录两件豆和一件铺，结构虽有一致性，但自铭铺与豆明确，一件没铭器可据豆而定名，但两件豆的盖形和纹饰却大不相同，吕大临也未讨论三件器的年代。

宋王黼（1079—1126）主持编修的《重修宣和博古图》，于大观初年开始编纂，成于宣和五年（1123）之后，晚于《考古图》三十多年。是书著录宣和殿所藏 829 件器物，其中卷五涉及如下七件青铜豆：

周鱼豆的器形与前揭的癞箫相同，浅圆形豆盘，平沿无唇，口微敛，壁微弧，外饰一周重环纹。底略圜，下接高校。校作腰鼓形，中间以突棱束腰，突棱上似乎饰菱形纹带。而校的上段饰两组垂鳞纹带，鳞片交错排列；下段饰环带纹（图 21）。录文曰：

> 右高五寸二分，深一寸八分，口径七寸六分，足径五寸四分，容二升五合，重三斤一十两。无铭。夫豆盛濡物，则醓醢在焉。是器饰以鱼鳞，而鱼醢物之属，又为丰年众多之兆。故《诗》言"众维鱼矣，实维丰年"。古之以多为贵者，莫不取此。[1]

与《考古图》著录对照，此器与杜濡铺的器形一致，可比而称铺，然《宣和博古图》称之为豆，并命名为"周生豆"。所谓"周"当是年代，但周自公元前 11 世纪周武王灭商立国到周赧王公元前 256 年逝世而终，跨度约八百年，如此断代意义不大。至于"鱼"，录文解释源自器饰以鱼鳞。然而，此器仅校上端饰垂鳞纹，豆盘外壁饰

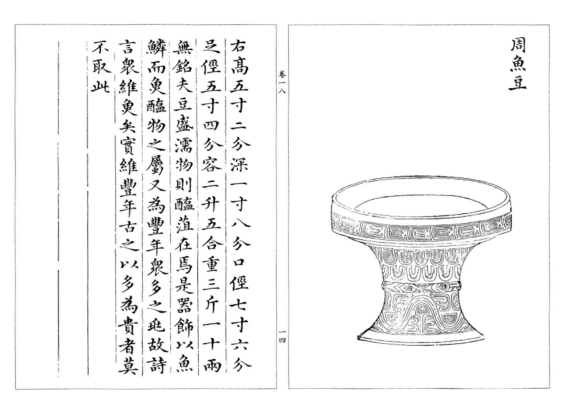

图 21　周鱼豆（引自《宣和博古图》卷 18 页 14）

---

[1]（宋）王黼：《宣和博古图》卷十八，第 14 页，影印文渊阁四库全书本。

重环纹，校下段饰环带纹，位置均较校的上段显眼，不采后二者，或因无所发挥。

事实上，垂鳞纹既可以是鱼饰，也可以是龙、蛇之饰，还用于表现鸟羽。结合录文后段，知其要和《诗经·小雅·无羊》的"众维鱼矣，实维丰年"联系起来，鱼兆丰年。凿空、迂曲若此，难称合理。

周疑生豆的基本形态与周鱼豆一致，但豆盘外壁在重环纹带上均布四道勾牙形扉棱，与之相应，饰环带纹的校外也设相应的扉棱，环带纹透空。颇特殊的是，图所表现的盘似乎无底，豆盘中央可见透空环带纹的顶部，而其外有一周透空三角形，一半六个（图22）。

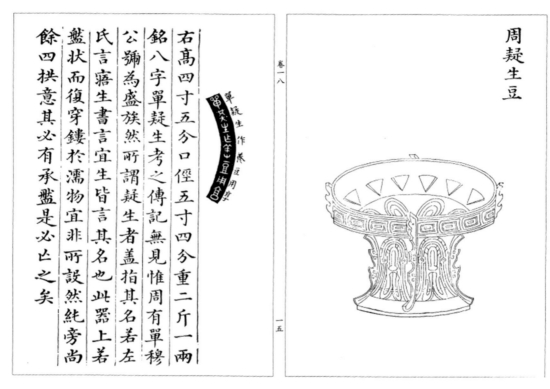

图 22 周疑生豆（引自《宣和博古图》卷 18 页 15）

此器铭文八字，《宣和博古图》隶定为"单疑生作养豆用享"，说明此器为"养豆"，但不知铸铭何处，从摹本的弧形看，或许在校之下足。图录也没有交代何以断器的时代为周，而作器者为单疑生，应名之为"周单疑生豆"，去"单"或别有意为之。录文曰：

> 右高四寸五分，口径五寸四分，重二斤一两。铭八字，单疑生考之传记无见。惟周有单穆公，号为盛族，然所谓疑生者盖指其名若左氏言窹生，《书》言宜生，皆言其名也。此器上若盘状而复穿镂，于濡物宜非所设，然纯旁尚余四拱，意其必有承盘，是必亡之矣。[1]

容庚将铭文第二字隶定为"芺"，第五字为"羞"，称器单芺生豆。容氏因豆盘底有透孔，推测"必有承盘"方可盛濡物，[2] 与《宣和博古图》见解一致。容庚所隶定的铭文，为《殷周金文集成》所采纳。吴镇烽则隶定铭文第二

1 （宋）王黼：《宣和博古图》卷十八，第 15 页，影印文渊阁四库全书本。容庚隶定铭文第二字为"芺"，第五字为"羞"，称器名"单芺生豆"（《商周彝器通考》，第 369—370 页）。
2 容庚：《商周彝器通考》，第 369—370 页。

字为昊，释为昊。[1]

周蟠虺豆一、周蟠虺豆二，是形态和纹饰相同、大小有差的一对器，故著录在一起。录文曰：

前一器高七寸，深一寸二分，口径七寸四分，足径六寸，容二升，重六斤有半。无铭。

后一器高七寸二分，深一寸一分，口径七寸四分，足径五寸五分，容二升，重六斤十有二两。无铭。

右按礼家言，木曰豆，竹曰笾，瓦曰登，今豆以铜为之，则知礼家之学多出汉儒臆度尔。盖昔人于彝器未始不用铜也，此二器皆著以蟠虺，亦与著饕餮以革贪得同意。是器周物，《周官》言用豆之礼为详，宜其设饰者致理为多也。[2]

二器形如瘐箫，与周鱼豆一致（图23）。值得注意的是，此二器的录文中讨论礼书中的豆为木质，此二器为铜质，"则知礼家之学多出汉儒臆度"，掷地有声。

周刘公铺（图24）其实是吕大临《考古图》所著录的杜嬬铺。《宣和博古图》编者似乎未读吕著，录文未曾提及。著录此器重新测量了尺寸。铭隶定为"刘公作杜嬬 / 尊铺永宝用"。文曰：

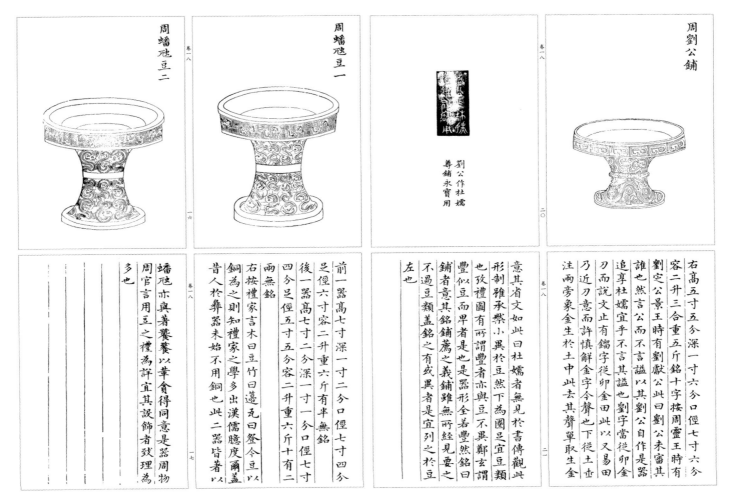

图23　周蟠虺豆一、二（引自《宣和博古图》卷18页16—17）　　图24　周刘公铺（引自《宣和博古图》卷18页21—21）

[1] 《殷周金文集成（修订增补本）》第04672号。吴镇烽：《商周青铜器铭文暨图像集成》卷13第06129号。

[2]（宋）王黼：《宣和博古图》卷十八，第16、17页，影印文渊阁四库全书本。

右高五寸五分，深一寸六分，口径七寸六分，容二升三，合重五斤。铭十字。按周灵王时有刘定公，景王时有刘献公，此曰刘公，未审其谁也。然言公而不言谥，以其刘公自作是器追享杜嬬，宜乎不言其谥也。刘字当从卯、金、刀，而《说文》止有镏字从卯、金、田，此以又易田，乃近刀意，而许慎解金字今声也，下从土，並注两旁，象金生于土中，此去其声，单取生金意，其省文如此。曰杜嬬者无见于书传，观此形制，虽承盘小异于豆，然下为圈足，宜豆类也。考礼图有所谓豊者，亦与豆不异。郑玄谓豊似豆而卑者是也。是器形全若豊，然铭曰铺者，意其铭铺荐之意，铺虽无所经见，要之不过豆类，盖铭之有或异者，是宜列之于豆左也。[1]

《考古图》所录杜嬬铺系李公麟藏品，数十年间，不知发生了怎样的变故而流入内府，《宣和博古图》将之著录为刘公铺。两相对照，后者的图是重绘的，校中间束腰的凸棱上所饰重环纹甚清晰。两著录的尺寸出入不大，可以视为测量误差；但铭文的摹写有一定的出入，且后者不够清楚。《考古图》对第一字转写为𢼸，或可隶定为刘，慎而未决，而《宣和博古图》径直隶定为鎦，并有较为迂曲的从"镏"到"刘"的考释。据《殷周金文集成（修订增补本）》，此字该转写为𨦻，尚不能径直隶定为"刘"。

汉轻重雷纹豆一和豆二，或系一组器中的两件，故一并著录，文曰：

前一器通盖高六寸九分，深四寸，口径五寸七分，容五升有半，公重五斤九两。两耳。无铭。后一器高六寸，深四寸一分，口径五寸七分，容五升，重四斤十有二两。两耳。阙盖。无铭。

右二器皆以雷纹为饰，或轻或重，非他纹之比。下作垂花，前盖端状苻叶间错粟纹，与汉鼎盖全相类，其为汉器无疑。[2]

此二器造型与仲姑豆相同。据图可知豆一是一件完整器，有盖，而豆二失盖。豆一具有杯形深腹豆盘，敛口，无唇。口沿下饰一周窄雷纹带，其下以一周凸弦纹过渡，饰较宽的纹带，似乎为蟠螭纹；纹带两侧对设环钮，钮两侧平，饰纹莫辨。再下饰一周凸起的绹纹，下腹饰一周垂叶纹带，叶中填云纹。圜底下接台形柄，上细下粗，下端均饰六片杏叶纹，其中填纹不明。柄下端出喇叭形足座，座面饰一周绹纹带，座底有较高立裙。隆盖呈半球形，沿上所饰一周纹带可能也是蟠虺纹，向上隔一素带，再饰一周同样纹带，宽度亦相若。素带上均布三个鸟形环钮，与平山三汲豆平盖上钮一致（见图14）。盖顶饰八瓣花纹。此豆除腹底外和柄上段，均饰纹，且是细线纹饰（图25）。

豆二造型和纹饰与豆一基本相同，造型的差别是后者平沿较宽，沿内侧除长子口，可以插入盖与之扣合。但子口上饰纹带实在怪异，存疑。纹饰的差别是沿下无雷纹带，下腹饰一周垂叶纹带，按照录文，叶中填粟纹。纹饰均属细线（图26）。

两件豆的纹饰皆是细线密纹，具有侯马风格，该是春秋晚期或春秋战国之际作品。见识所限，《考古图》和《博古图》对这类纹饰器均定在汉代。

---

[1]（宋）王黼：《宣和博古图》卷十八，第20、21页，影印文渊阁四库全书本。
[2]（宋）王黼：《宣和博古图》卷十八，第18、19页，影印文渊阁四库全书本。

汉輕重雷紋豆一

卷一八

一八

图 25　汉轻重雷纹豆一（引自《宣和博古图》卷 18 页 18）

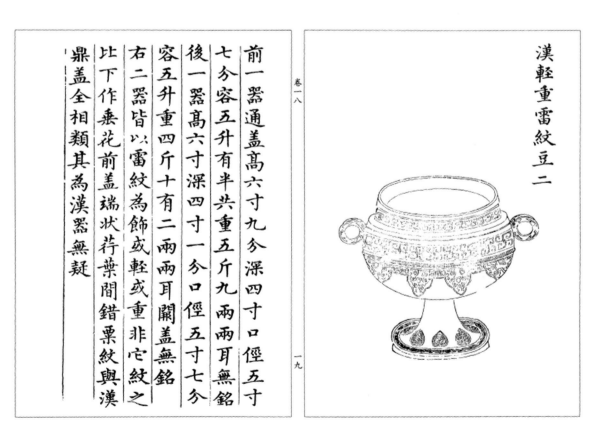

汉輕重雷紋豆二

卷一八

一九

鼎蓋全相類其為漢器無疑
比下作垂花前蓋端狀荇葉間錯粟紋與漢
右二器皆以雷紋為飾或輕或重非它紋之
容五升重四斤十有二兩兩耳闊蓋無銘
後一器高六寸深四寸一分口徑五寸七分
七分容五升有半共重五斤九兩兩耳無銘
前一器通蓋高六寸九分深四寸口徑五寸

图 26　汉轻重雷纹豆二（引自《宣和博古图》卷 18 页 19）

《宣和博古图》著录的七件豆均有柄，除两件汉轻重雷纹豆有盖，豆盘为球形外，其余均作盘状，几乎满布纹饰。图录将前五件豆都归于周，虽未讨论，它们具有同样的风格特征，而称"周刘公铺"，出于自名。

虽然《宣和博古图》著录的豆只有七件，编者还是试图对豆做出了归纳：

> 至于豆，则乃其实水土之品，亦所以养其阴者。夏以楬豆，商以玉豆，周以献豆，制作虽殊，所以为实濡物之器，则一也。昔醢人掌四豆之实，凡祭祀供荐羞，则豆之用于祭祀者如此。《士昏礼》设六豆于房中，则豆之陈于昏礼者如此，以之示慈惠之燕，训恭俭之饗，亦待此以有行者也。是以天子之豆二十有六，诸公十有六，诸侯十有二，上大夫八，下大夫七，凡以尚德也；乡老六十者三，七十者四，八十者五，九十者六，凡以尚齿也。然则用豆之义其可忽诸。尝考制字之法，礼（禮）必从豆，以礼之不可废也；丰（豐）必从豆，以时不可缓也；戏（戲）必从豆，以交际之不可忘也。故孔子于造次之间，与夫答问之际，尝眷眷于此者，盖为是尔。若夫刘公铺与夫君养铺之二器，旧以其铺之声与簠相近，因以付诸簠。今考簠之器方而铺之器圜，又自与豆登略无少异，故其铭前曰君作养铺，而疑生之豆亦曰养豆，则是其铭亦近之，疑铭之以铺者，有铺陈荐献之义，而其器则豆耳，故以附于豆之末云。[1]

很明显，作者的知识在于礼书而非器物，尽管在著录两件周蟠虺豆时，明确"则知礼家之学多出汉儒臆度"，而礼书多出汉儒之手。

有趣的是《考古图》卷三著录的杜嬬铺，在《宣和博古图》卷十八中改称"刘公铺"，二书著录了同一器。只是《宣和博古图》不记来历，而《考古图》既言属庐江李氏，复言"得于京师"，却未加解释。推测吕大临编纂《考古图》时，参考了李公麟的《考古图》。[2]后此器归藏宣和殿，王黼编纂《宣和博古图》时，仅在三十多年之后，却未参考吕大临《考古图》。吕著秘不示人而未曾刊刻？这一现象或许可以解释为，宋代的古器物学处在初创阶段，前人的学术成就并未能为后来者所尽力继承；士大夫的好古或者受命于皇帝，或者受一时风气所感染，不一定有清楚的学术追求，也未能建立起基本概念和学术逻辑，形成公共知识，不能形成学术共同体和古器物学范式，难以持续精进，往往裹足不前，甚至会出现倒退。

三、徽宗朝的复古铸器与绍熙朝释奠铜豆

就现有文献，宋代的复古铸器始于宋真宗（997—1022在位），繁荣于宋徽宗（1100—1126），说明宋代复古铸器的主要推手是宋徽宗。宋室南渡后，国力遭重创，复古铸器逐渐式微，[3]同时也导致释奠的松懈或草率。有鉴于此，理学大家朱熹（1130—1200）致力于释奠礼的复兴，有《绍熙州县释奠仪图》传世，其中的青铜豆也是复古品。

---

[1]（宋）王黼：《宣和博古图》卷十八，第4—6页，乾隆十八年天都黄晟亦政堂修补明万历二十八年吴万化宝古堂刻本；胡文焕辑《古器具名》附第12页重抄《博古图》，明万历自刻本。刘庆柱、段志洪：《金文文献集成》第2册，线装书局，2005年，第88—89、350页。

[2]李公麟《考古图》编于宋哲宗元祐三年或四年（1088或1089），已佚。见容庚：《宋代吉金书籍述评》（曾宪通编：《容庚选集》，天津人民出版社，1994年，第3—73页）。

[3]苏荣誉：《复古艺术的纠结：宋代铜礼器研究》，《欧洲汉学》2018年约稿，待刊。

1. 徽宗朝复古铸器

徽宗朝复古青铜器最盛，个中缘由，当与徽宗个性有关。宋徽宗即位之初，于崇宁二年（1103）诏："王者政治之端，咸以礼乐为急。""夫隆礼作乐，实内治外修之先务。"[1]大观元年（1107），有司奏：

> 十一月辛酉，兵部尚书议礼局详议官薛昂奏："有司所用礼器，如尊、爵、簠、簋之类，与士大夫家所藏古器不同。盖古器多出于墟墓之间，无虑千数百年，其制作必有所受，非伪为也。《传》曰：'礼失则求之野。'今朝廷欲讨正礼文，则苟可以备稽考者，宜博访而取质焉。欲乞下州县，委守令访问士大夫，或民间有蓄藏古礼器者，遣人即其家，图其形制，送议礼局。"从之。[2]

很明白，朝廷有司所藏礼器和私藏不同，前者可疑，而后者是出土之物，应当可靠。但似乎宫中没有，乞诏州县，访求古器，"图其形制"，议礼局可据以仿制。徽宗采纳了薛昂的建议。到政和三年（1113）七月己亥，徽宗有诏：

> 礼以辨上下、定民心志。自秦汉以来，礼坏不制，富人墙壁被文绣，倡优僭后饰，当世贤者至于太息。时君世主亦莫能兴。卑得以踰尊，贱得以凌贵，欲安上治民难矣。比裒集三代鼎、彝、簠、簋、盘、匜、爵、豆之类，凡五百余器，载之于图，考其制而尚其象，与今荐天地、飨宗庙之器无一有合。去古既远，礼失其传矣。祭以类而求之，其失若此，其能有格乎？诏有司悉从改造。若宫室、车服、冠冕之度，婚冠、丧葬之节，多寡之数，等衰之别，虽尝考定，未能如古，秦汉之弊未革也。夫道之以德，齐之以礼，有耻且格。今无礼以齐之，而刑施焉，朕甚闵之。可于编类御笔所置礼制局，讨论古今沿革，具画来上。朕将亲览，参酌其宜弊，自朕志，断之必行，革千古之陋，以成一代之典，庶几先王，垂法后世。[3]

徽宗复古礼器为了"辨上下、定民心志"。已汇集了五百多件三代彝器，准备编"博古图"。比较三代彝器，和现行使用的礼器竟然"无一有合"，"礼失其传"，贤者"太息"。近来的努力，"考定未能如古"，秦汉腐儒治"三礼"之"弊"还在。皇帝意志坚定，置"礼制局"，研究考定，要"革千古之陋以成一代之典"，"垂法后世"。

礼器是"一代之典"的体现，现存礼器的确不合用。

> 崇宁（1102—1106）以来，稽古殿多聚三代礼器，若鼎、彝、簠、簋、牺、象尊、罍、登、豆、爵、斝、珌、洗，凡古制器悉出，因得见商周之旧。始验先儒所传太讹。若谓罍、山尊，但为器画山雷而已。虽王氏亦曰如是，此殆非也，制度今已传，故不详录。政和既制（置）礼制局，乃请御府所藏悉加讨论，尽改以从古。[4]

> 崇宁初置讲议司，讲求元丰已行法度。……后君臣汇庆阁成，又改作礼制局，凡尊、罍、簠、簋、笾、豆、盘、匜、鼎、俎皆不合古，于是禁中尽出古器，用铜依古制重造。惟笾以竹为之。[5]

于是，政和、宣和年间，据三代青铜器复古制作了一定数量铜器，包括铜豆，具体将在下文讨论。

---

[1]《政和五礼新议》卷首，第 3 页。

[2]（宋）杨仲良：《皇宋通鉴长编纪事本末》卷 133（阮元《宛委别藏》本），江苏古籍出版社，1987 年，第 4164—4165 页。

[3]（宋）杨仲良：《皇宋通鉴长编纪事本末》卷 133（阮元《宛委别藏》本），第 4193—4194 页。

[4] 同上注，第 4197—4198 页。

[5] 同上注，第 4198—4199 页。

2.《绍熙州县释奠仪图》之豆

编撰《绍熙郡县释奠仪图》被认为是理学集大成者朱熹为重构和推行"地方之礼"的一种努力，他有感于地方州县学校缺少施行释奠礼仪的标准样本而撰作，曾三属其稿，并多次文书官牒往复，于绍熙五年（1194）定稿，但传世本系后人订补之本。[1]

关于此书的目的，朱熹写得很清楚：

> 淳熙颁降《仪式》并依聂崇义《三礼图》式样。伏见政和年中议礼局铸造祭器，皆考三代器物遗法，制度精密，气象淳古足见一时文物之盛，可以为后世法。故绍兴十五年曾有圣旨，以其样制开说印造，颁付州县遵用。今州县既无此本，而所颁降仪式印本尚仍聂氏旧图之陋，恐未为得。欲乞行下所属，别行图画，镂板颁行，令州县依准制造。其用铜者，许以铅锡杂铸。收还旧本，悉行毁弃，更不行用。[2]

释奠至圣文宣王的祭器陈设，左各十笾，右各十豆，另有俎、簠、簋、尊等，豆显然是较大量使用之器。关于豆：

> 右十豆，为三行，以左为上。第一行芹菹在前，笋菹、葵菹、菁菹次之。第二行韭菹在前，鱼醢、兔醢次之。第三行豚拍在前，虎醢、醓醢次之。[3]

具体到豆：

> 《名堂位》曰："夏后氏以楬豆，商玉豆，周献豆。"说着谓楬豆无异物之饰，而献豆加疏刻之工。夏以楬，商以玉，周以献，时有文质，故所尚异也。今取《博古图》制参酌：周豆，范金为之，承盘以圜，而圈足稍大，纹理疏简，庶合献豆疏刻之说。豆并盖重四斤一十四两，口径四寸九分，通足高五寸九分，深一寸四分，足径五寸一分。[4]

图 27 释奠仪图豆（引自《朱子全书》第 13 册页 38）

很明显，这是据《博古图》新造之豆。究其结构，属于有盖豆，但器形和宋所著录的豆均不相同，也就是说，朱熹释奠之器也是"肇作"之品（图 27）。豆盘敛口，壁外弧，底微圜，形近乎齐豆（见图 19）；豆盘外壁饰雷纹，与之相间设圆泡，近乎杜嬬铺的窃曲纹（见图 18）加圆泡；而纹带两侧对设圆环钮当采自"汉轻重雷纹豆"（见图 25、26）。校似乎也透空，但环带纹不成结构，不知所本。同样，隆盖也不知所本，盖沿上的纹带与豆盘相同，其上饰弧三角形叶纹带，两纹带间填大叶纹，不仅不见于宋代著录，迄今所出土三代青铜器也未有之，当然，盖顶的钮作两枝交叉也不见于早期青铜器。显然，该豆与《博古图》所著录周豆出入很大，属于朱熹等的"肇作"，[5]想必他还参考的别的著述，包括未传诸后世的图录。

[1] 王光照、王燕均：《朱熹〈绍熙州县释奠仪图〉点校说明》，见朱杰人、严佐之、刘永翔主编：《朱子全书》第 13 册，上海古籍出版社，2002 年，第 1—5 页。

[2]（宋）朱熹：《文公潭州牒州学备准指挥》，收入《绍熙州县释奠仪图》，见朱杰人、严佐之、刘永翔主编《朱子全书》第 13 册，第 26 页。

[3]（宋）朱熹：《绍熙州县释奠仪图》，见朱杰人、严佐之、刘永翔主编：《朱子全书》第 13 册，第 23 页。

[4] 同上注，第 38 页。

[5] 许雅惠：《〈宣和博古图〉的"间接"流传——以元代赛因赤答忽赛墓出土陶器与〈绍熙州县释奠仪图〉为例》，《美术史研究集刊》第 14 期，2003 年，页 1—26。

图 28.1　政和八年豆（引自 *Bronzes de la Chine impériale des Song aux Qing*, p.43）

四、宋代复古青铜豆

宋代复古制作的铜豆，见诸实物的有巴黎赛努奇博物馆（Musée Cernuschi）藏的政和豆、上海博物馆藏的宣和豆、台北故宫博物院收藏的绍兴豆，铭刻年代分别是政和八年（1118）、宣和七年（1125）和绍兴十六年（1146），均是帝作用于祭祀、分赐李邦彦（？—1130）和秦桧（1090—1155）之家庙。

1. 政和八年豆

巴黎赛努奇博物馆收藏一件铜豆，豆盘呈鼓形，无沿无唇，壁微外弧，饰窃曲纹与圆泡相间的纹带，泡中间有圆凹坑。豆盘下接透空的腰鼓形校，透空甚大，纹饰为变形环带纹。校中间束腰，上端较大而下底外撇，并起矮立裙（图 28.1）。通高 185、外径 255 毫米。[1]

豆盘与宋代著录出入较大，校与《考古图》的杜嬬铺、《宣和博古图》的周生豆、周疑生豆、周刘公铺、周蟠虺豆形状接近，但纹饰有别。此豆的整体造型与后来出土的周生豆（见图 3.1）接近，但校透空纹饰出入较大。

此豆沿外錾刻铭文三十字：

> 唯政和八年十月戊子，皇帝再奉上真作豆，以祝长生大帝君，其万年永宝用。（图 28.2）

这件豆可称为政和八年豆，此年即公元 1118 年，豆铸于是年十月，次月年号改为重和。铭文自名器为豆，徽宗用之于祭祀长生大帝君。

徽宗是有名的"道君皇帝"，册己为"教主道君皇帝"，即长生大帝君，自称"都天教主"，退位后被尊为"教主道君太上皇帝"。[2] 可见，徽宗作此豆以自享。

2. 宣和七年豆

上海博物馆藏有一件铜豆（藏品编号 17506），形若鼓形盒（图 29.1），豆盘形似铁锅，甚浅，内壁光滑（图 29.2）。器口圆，沿微内敛，壁略外弧，饰一周纹带，纹饰由六个突出的大圆乳丁与六组浅浮雕变体窃曲纹相

图 28.2　政和豆铭文（引自 *Bronzes de la Chine impériale des Song aux Qing*, p.42）

---

[1] Michel Maucuer, *Bronzes de la Chine impériale des Song aux Qing*. Paris: Paris-Musées, les musées de la Ville de Paris, 2013.

[2] 卿希泰主编《中国道教史（修订本）》第二卷，四川人民出版社，1996 年，第 591—630 页。

间构成。大圆乳丁圆整而略扁，表面光滑，中心有下凹内陷的圆窝。纹带两侧各有一周凸弦纹，构成纹带边线，凸弦纹切过圆乳丁，并为乳丁所阻断或掩压（图 29.3）。回转纹线宽窄不尽一致，也不够流畅，其顶面与器壁平齐，纹带底则下陷。器高 70、通径（含乳丁）177、外径 168、口径 102、腹深 31 毫米。纹带宽 29 毫米，乳丁底径 30、高 7、顶圆窝直径 4.4、深 2.6 毫米。

腹壁下方向内弧面回折形成假圈足，使器底呈环状。内径 108、沿厚 2.7 毫米。豆盘悬在圈足内，盘的外侧粗糙，可见逆时针方向的抹痕。圈足回折的沿口上，有四个分布大致均匀、形状规则的切口，切口尺寸宽 3.4、深 2.9 毫米（图 29.4）。对照政和八年豆，此豆的圈足曾被设计以卡接于校顶端。

从圈足观察豆的内壁，六个乳丁位置有相应凹陷成圆窝，直径约 23、深约 5 毫米。圆窝的中心有一突，径约 10、凸起约 5 毫米，和乳丁中心的凹陷圆窝相应；内壁圆窝侧边有一条微微凸起的线，则和器壁弦纹下的凹槽相

图 29.1　宣和七年豆（引自《复兴的铜器艺术》图 5.1—1）

图 29.2　宣和豆盘内（引自《复兴的铜器艺术》图 5.1—2）

图 29.3　宣和豆泡纹（引自《复兴的铜器艺术》图 5.5—4）

图 29.4　宣和豆外底（引自《复兴的铜器艺术》图 5.12）

图 29.5 宣和豆内壁（引自《复兴的铜器艺术》图 5.3）

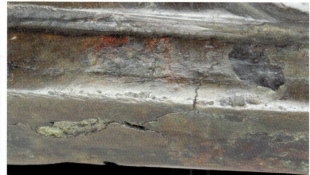

图 29.6 宣和豆裂纹（引自《复兴的铜器艺术》图 5.5—2）

图 29.7 宣和豆纹饰（引自《复兴的铜器艺术》图 5.6—2）

图 29.8 宣和豆鏨刻铭文（引自《复兴的铜器艺术》图 5.4—1）

应（图 29.5）。

豆口唇外鏨刻一周铭文，铭文位置约占周长五分之四（图 29.7）。文曰：

唯宣和七年二月丙辰，帝令作豆，赐少宰邦彦，以祀其先。子子孙孙其永保之。[1]

宣和七年即公元 1125 年，宋徽宗末年。二月丙辰，即二月十四。少宰邦彦，当即宰相李邦彦。[2]

3. 绍兴十六年豆

台北故宫博物院收藏有一件青铜豆（编号中铜 101），该器造型和纹饰与宣和豆一致，口正圆，口微敛，浅豆盘、壁略直。外壁中饰一周纹带，由六个圆突乳丁和六组浅浮雕变体窃曲纹相间构成，纹线流畅规整，没有底纹。圆突乳丁中间有一小圆窝，纹带似减地而成，浮雕线与器壁在同一平面。纹带上下边都有凸弦纹组成的边界，凸弦纹与器壁平，纹线外以沟槽予以凸显，通高 70、口径 145、底径 148、腹深 38 毫米（图 30）。

器口外有一周阴线铭文：

图 30 绍兴十六年豆（引自《绍兴文艺》页 60）

---

[1] 苏荣誉、周亚、艾素珊：《宋代铜豆初探》，陈建明主编：《复兴的铜器艺术——湖南晚期铜器展》，第 249—265 页。

[2] 李邦彦（？—1130），北宋怀州（今河南沁阳）人，父李浦为银匠。太学上舍生出身，大观二年（1108）进士，宣和三年（1121）拜尚书右丞，宣和五年（1123）转尚书左丞，次年拜少宰。

惟绍兴丙寅三月乙丑，帝命作豆，赐师臣桧家庙，以荐菹醢，唯予永世用享。[1]

清楚说明此器名之为"豆"，系高宗于绍兴十六年（1146）所铸，赐予当朝"师臣"秦桧[2]家庙，其功能为"荐菹醢"。是年，南郊大礼礼器制成，或额外制有器物赐予重臣。此豆可称为"绍兴十六年豆"或"秦桧豆"。

上述三件豆只有政和八年豆是完整的，宣和七年豆和绍兴十六年豆都缺校而仅存豆盘，但也可以清楚知道三件豆的结构一致，特别是豆盘结构都是如锅形悬于下沿内收的圆筒上，纹饰也相同，仅仅铭文有差异，当然，铭文的辞例、文字也是尽量模仿西周金文，个别没有的字或者按字体摹写。三件同样器物分属不同时间，其中的关联耐人寻味，将在下文予以讨论。

五、关于钦崇豆

刘体智（1879—1962）《小校经阁金石文字》著录有一件"钦崇豆"拓片（图31），表现了铭文和腹部纹饰。

钦崇豆的口外壁也有一周铭文"钦崇元祀作豆，维旅其典祀，子孙永"，[3]这十四字的铭文不完整，末尾缺一"享"或"宝"字，且笔画纤细，似刻铭。"元祀"是大祭天地之礼，此器当为某次天地大祀而作。南宋薛季宣称之为"钦崇豆"，陈芳妹因之，刘体智名之为"元祀豆"。[4]

其实，钦崇豆铭文出自礼制局详议官翟汝文（1076—1141）之手，[5]所作《豆铭》曰："帝钦崇元祀作豆，维旅其典神天，于永世"。[6]文辞不完整，参以绍兴豆，后失"用享"二字。

翟汝文孙翟耆（生卒未详）《重刊翟氏公巽埋铭》有如下记述：

> 政和（1111—1117）间，内外乂安，百揆时叙，诏儒臣修明典则，肇新宋礼，以训四方。除公礼制局详议官。明年，天锡帝篚，帝承天休，诏礼官革汉唐诸儒臆说之陋，宪三代稽古象物昭德于彝器，凡祀圜丘、祭方泽、享祢宫及太室诸器，专命

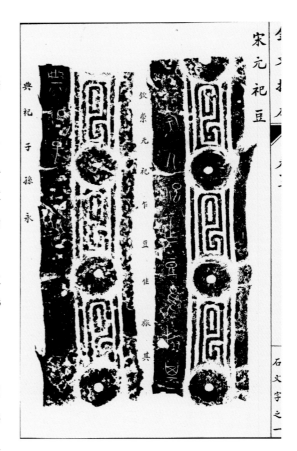

图31 钦崇豆铭文拓本（引自《小校经阁金文》卷13 页98）

---

[1] 蔡玫芬：《文艺绍兴：南宋艺术与文化·器物卷》，台北故宫博物院，2010年，第60—61页。

[2] 秦桧（1090—1155），南宋江宁（今南京）人，出身于小官吏家庭。政和五年（1115）登进士第，后任御史中丞，靖康二年（1127）随徽宗、钦宗为金人掳去，建炎四年（1130）逃返南宋，辅佐高宗，后拜为相，因辱和金人被逐，但绍兴八年（1138）宋高宗再招之为相直至病死，力主割地、纳贡、称臣以对金求和。

[3] 刘体智：《小校经阁金石文字》，卷15第98页。

[4] 陈芳妹：《宋古器物学的兴起与仿古青铜器》，《美术史研究集刊》第10期，2001年，第87页。"钦崇"修饰"元祀"，故刘体智所名"元祀豆"更贴切，因引文关系，姑从薛季宣称其"钦崇豆"。

[5] 翟汝文，润州丹阳人（今江苏丹阳），《四库全书提要》言其事徽、钦两朝。官至显谟阁学士知越州，高宗时历管参政阁学士。"好古淹博，深通篆籀"。见影印文渊阁四库全书第1129册，第181页。

[6] （宋）翟汝文：《忠惠集》卷十，影印文渊阁四库全书第1129册，第296页。此铭亦不完整，参于绍兴豆，末位缺"用享"二字。

公监三代，正轨则，制器铭功，以格神祇祖考。于是宋器大备，匹休商周。

……

聂崇义集腐儒之说，著《三礼图》以误后学。今商周礼器，科斗文字灿然毕出，陛下方诏稽三代，光明典礼，此独郁而未扬，疑有阙也。愿诏硕儒博闻之士，稽正六经，考礼于夏商之器，正字于鼎彝之间，刬革缪伪、搜访失绝，使六经尊罍牺象之用、六书象形科斗之书，昭明炳焕，与六经相表里，以教后人，天下幸甚。[1]

可见翟汝文认为《三礼图》的腐儒之说，须以商周礼器修正，并据以"修明典则、肇新宋礼，以训四方"。是故深得徽宗赏识，派为礼制局详议官，监造了政和礼器，并拟定了很多器物的铭文。[2]

钦崇豆即是其一，但和刘体智著录的那件文辞有出入：

帝钦崇元祀作豆，维旅其典神天，于永世 用享 　　　（翟汝文拟）

钦崇元祀作豆，维旅其典祀，子孙永 享 　　　（刘体智著录）

后者虽不完整，首无"帝"字，难以理解。结尾一句，前者接近于"钦崇元祀"，后者类于颁赐近臣家庙。或许钦崇豆有多件亦未可知。

宋薛季宣（1134—1173）有《得钦崇豆记》，文曰：

钦崇豆，失其所从自，博五寸，深一寸有半，首高三寸，足高不知有几。铭十有五字，皆古文，盖商器也。……铭文有之。夫为器者，必冶金，兹乃镌镂，即是数端而验，必汤器矣。……二十有七年冬辜月二十有二日甲申，商左相末孙季宣得豆于延陵，谨齐心而为之记。[3]

薛季宣所得钦崇豆，没有校，故言"失其所从"。言"铭十有五字""皆古文"，他或许不识，故未录。与翟汝文所拟铭文十六字、刘体智著录十四字都不合。或在流传过程中一字残失亦未可知，似近于刘体智所著录者。薛季宣指认其为商器。另按，宋一太府尺以 311 毫米计，[4] 钦崇豆直径 155.5、高 93.3、腹深 56.7 毫米。

薛季宣，号艮斋，生于绍兴四年（1134），永嘉（今浙江温州）人，卒于孝宗乾道九年（1173），生活在高、孝两朝。是"永嘉学派"的中坚。《宋元学案》评价其"自成一家"，"学主礼乐制度，以求见之事功"；"凡夫礼、乐、兵、农，莫不该通委曲，真可施之实用"。[5] 十七岁从荆南帅孙汝翼聘为书写机宜文字，绍兴三十年（1160）以伯父荫知鄂州武昌（今湖北鄂州），枢密使王炎荐为大理寺主簿。

《得钦崇豆记》中的"二十有七年"当是绍兴二十七年（1157），时薛季宣二十三岁。薛曾于前一年，即绍兴二十六年（1156）赴毗陵探望孙汝翼。毗陵，即古延陵，为春秋吴季札封地，在今江苏丹阳，汉更名毗陵。薛季宣在那里获得钦崇豆，距政和（1111—1117）铸器约四十年光景。

以薛季宣的博学，直认"钦崇豆"为商代彝器，或许可以推知薛氏没有读过翟汝文的有关著述，对徽宗朝复

1 （宋）翟繁：《重刊翟氏公巽埋铭》，见翟汝文：《忠惠集》附录，影印文渊阁四库全书第 1129 册，第 307、314 页。

2 （宋）翟汝文：《忠惠集》，卷十"铭·埋铭·祭文"，影印文渊阁四库全书第 1129 册，第 296—297 页。

3 （宋）薛季宣：《浪语集》卷三十一，影印文渊阁四库全书第 1159 册，第 501 页。

4 叶国良：《宋代吉金书籍所用度量衡制度考》，见《郑因伯先生八十寿庆论文集》，台北商务印书馆，1985 年，第 217—237 页。

5 （清）黄宗羲、全祖望：《宋儒学案·艮斋学案》卷五十二，见《黄宗羲全集》第 5 册，浙江古籍出版社，1986 年，第 50—51 页。

古而铸器几乎无知，应没有见过政和至宣和年间所铸青铜礼器。故孙诒让也认为以此"足证政和礼器南宋初人已不能辨识"。[1]南北宋的断裂如此之深，超乎想象。此外，或者也反映了宋代的古器物学尚处在初创阶段，或者这门学问的范式有严重缺陷，某些卓见未必能被认识或集成，更不可能被光大。

清吴荣光（1773—1843）《筠清馆金文》著录一件秦豆，系龚自珍（1792—1841）藏器，吴氏隶定铭文并录文曰：

> 帝钦崇元祀作豆隹旅其典神天于永

> 依积古斋例定为秦昭王时器。曰"典神天"者西畤器与。[2]

很明显，此器即钦崇豆。吴氏所谓"依积古斋例"，但未明指。积古斋为清中期经学和金石学大家阮元（1764—1849）的书斋。所著《积古斋钟鼎彝器款识》对晚清金石学影响巨大，收录铜器551件，但秦器仅数件，包括权、量、斤、戈等，难以与钦崇豆参比，吴氏的断代和用途推论难免臆度之嫌。孙诒让（1848—1908）据吴氏摹本，隶定铭文为：

> 帝钦崇元祀乍（作）豆，隹（维）旅其典神天于永

孙氏的隶定和翟汝文的拟文相同，与刘体智的著录相较多一"帝"字，句末是否完整也未可知。或许还有另一件钦崇豆。

对于钦崇豆，孙诒让指出薛季宣《钦崇豆记》中误以为商器，同时，据翟汝文《忠惠集》指出了吴荣光的断代错误，进而认为《忠惠集》中"诸铭多作于"政和乙未年（政和五年，1115），此豆当也作于彼时。[3]

需要明确指出的是，前人对钦崇豆的讨论从来不涉及器形和纹饰，以至迄今未能见到该器的全貌，这应该是传统金石学的致命缺陷，当然也是由其宗旨所决定的。所幸在刘体智的铭文拓本中，包含了大部分豆盘外的纹饰：也是变体窃曲纹间以圆泡饰，泡的中间也有圆形小凹坑，与前面讨论的三件复古豆完全一致。是否这件豆也如宣和七年豆和绍兴十六年豆失去校，难以知晓。

根据翟汝文记述，钦崇豆当铸于政和年间，亦可名之为"政和豆"。[4]鉴于政和仅八年（1111—1118），色努奇博物馆藏豆为政和八年，钦崇豆不应晚于彼器，至迟同年。

六、宋代铜豆的制作及其内在关联

宋代复古，肇作礼器，如何进行？陈芳妹认为，"宋宫廷在青铜艺术方面，则是积极地在意念上或实际上，力求成为仿古铜器的赞助者，而不再创新"，另一方面，陈氏又认为"展现宋代新意"，[5]前后矛盾。

---

[1]（清）孙诒让：《宋政和礼器文字考》，见孙氏《古籀拾遗》卷上，第15页，孙氏自刻本。

[2]（清）吴荣光：《筠清馆金文》，卷5，第37—38页，清宜都杨守敬重刻本。

[3]（清）孙诒让：《宋政和礼器文字考》，见孙氏《古籀拾遗》卷上，第15页，孙氏自刻本。

[4] 陈芳妹仅指认钦崇豆属"徽宗朝"（见《宋古器物学的兴起与仿古青铜器》，《美术史研究集刊》第10期，2001年，第87页），在陈文注255中，则言"极可能是徽宗朝铸品"。

[5] 陈芳妹：《宋古器物学的兴起与仿古青铜器》，《美术史研究集刊》第10期，2001年，第39页。

1. 形态与纹饰

据张翀统计，截至 20 世纪初，出土的三代青铜豆 289 件，著录青铜豆 72 件，[1] 与上述四件宋复古铜豆相对照，无一与之相同者。

但豆盘部分是有相近的，如西周晚期的周生豆，鼓形豆盘较浅，口微敛，壁微鼓，饰八个具涡纹的泡形凸起与云纹组成的纹带，下腹弧收成底（见图 3.1）。完整的政和八年豆相对照而言，腰鼓形校呈为大透空态，近似晋侯对铺（见图 2.1）。

细究纹饰，复古铜豆既与宋代著录的青铜豆不同，也与此后出土的或著录的青铜豆相异。四件宋代复古铜豆豆盘外纹饰带相同，都是变体窃曲纹见中间有圆凹点的圆泡，这样的纹饰同样的在著录和出土的青铜豆中均未发现。但窃曲纹是西周晚期流行纹饰，杜嬬铺外即饰窃曲纹带，但无圆泡饰，窃曲纹也不似复古豆的方折。至于圆泡饰，周生豆外壁纹带中包含，但泡面饰涡纹，在商周青铜器中是常见的装饰。复古铜器纹带中的圆泡，除中心圆凹点外素面，在三代青铜器中罕见，但见于漆豆外所嵌的蚌饰。长安张家坡西周墓 M260 北端二层台中央，随葬三件漆豆，盆形豆盘壁微外弧，平底下接束腰的筒形校。一件复原的通高 178、豆盘直径 154 毫米，豆盘外的上下各漆红彩条，其间嵌一周九个环形蚌泡（图 32）。[2]

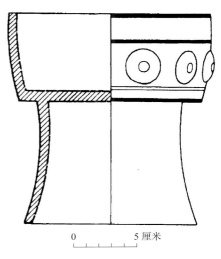

图 32　长安张家坡漆豆复原图（引自《张家坡西周墓地》图 232）

可见，无论是器形还是纹饰，宋代复古铸器时，并非复原某一器，而是从若干器物选择不同因素重新组合，这就是北宋的肇作。明确的事实是，自政和年确定了豆的形制后，一以贯之，形成了北宋铜豆的风格和传统。

2. 铸器

古代工艺技术罕见载记，偶有也语焉不详。宋代青铜器图录，罕见及于制作方面。所见有《宣和博古图》著录的周召公尊，形状特别，形若鼓腹簋而有盖，盖素面，圈足饰细密雷纹带，腹饰并排的四枝羽毛（图 33），录文以为是手指，曰：

　　……此彝有五指痕，执之而不坠失，以示其谨于礼。今此指痕以蜡为模，以指按蜡所成也。

铸指印以防器坠落，然仅此一例，显然属于强解。古器的做法没有涉及，倒是涉及"今"法，即失蜡法。

宋人赵希鹄《古钟鼎彝器辨》二十条，有铸铜器一段：

　　古者铸器，必先用蜡为模如此器样，又加款识刻画。然后以小桶加大而略宽，入模于桶中，其桶底之缝微令有丝线漏处，以澄泥和水如薄糜，日一浇之，候干再浇，必令周足遮护讫，解桶缚，去桶板，急以细黄

[1] 张翀：《商周时期青铜豆综合研究》，西北大学硕士学位论文，2006 年。张翀：《中国古代青铜器整理与研究·青铜豆卷》，科学出版社，2015 年。
[2] 中国社会科学院考古研究所：《张家坡西周墓地》，中国大百科全书出版社，1999 年，第 308—310 页，图 232。

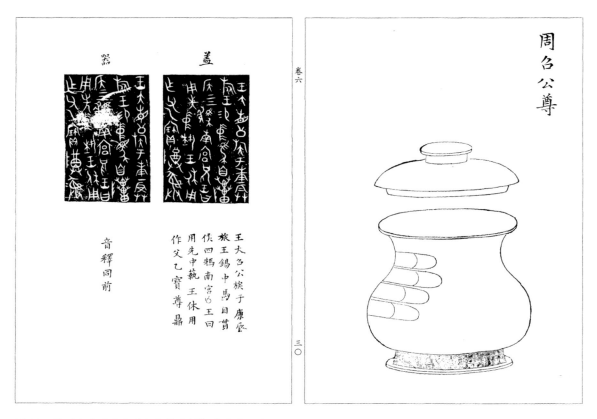

图 33　周召公尊（引自《宣和博古图》卷 6 页 30）

土多用盐并纸筋固济，于元（原）澄泥之外，更加黄土二寸留窍中，以铜汁泻入。然一铸未必成此，此所以为贵也。[1]

赵希鹄为宋宗室后裔，生卒不详，当生活在南宋晚期。有很大可能看过绍兴府库的庋藏，也了解当时铸器情况。故可以知晓三代铜器特色、纹样、行款、做工、气味和作伪等，能分辨古器和近器如唐天宝至南唐所铸的匀容器，但未及徽宗和高宗所作新彝器。而他所记录的"古者铸器"是失蜡法，未必是他的稽考，或者是工匠或藏家的说法。

赵氏所记铸器的失蜡法，模为蜡质，但蜡的材质和构成未开列。但他记载了铸造的关键工序，如蜡模有如"器样"，其上再刻画款识，蜡模告成后，将其置于大桶中。备澄泥浆稀如"薄糜"，将其浇到蜡模上，每日一次，干后再浇，须使泥周护蜡模，再于澄泥层外敷加二寸厚黄土，即可浇注。工艺颇为复杂，未必可以一铸而成，故而珍贵。

《洞天清禄集》中铸器的关键工序中，除缺少脱（失）蜡和铸型焙烘环节外，其余颇为可靠，说明赵氏必有所据。现在已经清楚，三代青铜器基本上是以泥范块范法铸造的，因此，赵的记述应该反映了唐宋时期的工艺，并与《宣和博古图》周召公尊的录文一致。

在传世的三件宋代复古铜豆中，笔者曾经对宣和七年豆做过考察。此豆表面颜色绛灰泛红，表面锈层薄而致

---

[1]（宋）赵希鹄：《洞天清禄集》（约成书于 1190 年），读画斋丛书丁。

密，圈足回折，弧面有几处下凹，内沿有凿削痕迹（见图 29.3），下腹有一裂纹延伸至圈足回折弧面（图 29.6），纹带的线条上有修整的刀痕（图 29.7）。其中一个乳丁中心的圆窝没能成形，基本上为铜充满（见图 29.3）。器表上亦有若干凹坑，是使用过程中遗留的，说明质较软，合金含量较低。

这件豆系铸造成形，但通体没有铸造披缝，当非如商周青铜豆以泥范块范法铸造。豆盘外的抹痕（见图 29.4），可能是贴蜡片后在蜡片上抹泥制作铸型所遗留下的痕迹，可助以推断此器为失蜡法铸造，系一次浇注浑铸而成。具体的失蜡工艺，可能类似于苏州的贴蜡片。

考其纹线，凡横线较平滑，折线和垂线略粗糙，纹线和地都有雕刻痕迹（见图 29.7），对照契刻的铭文笔画，推测纹线在较软物质上刻就，反映了刻蜡模或蜡片的细节。这些现象是商周泥范块范法铸器所没有的。

宣和豆铭文系契刻，刀痕明显，字口斜向，有多次刀镂的痕迹，在"月""丙""辛"等字上更为明显（图 29.8）。器自名为"豆"，宋徽宗铸于宣和七年，赐予李邦彦，祀其祖先，姑称之为"宣和豆"或"邦彦豆"。然而，绍兴十六年豆铭文被认为是铸文，[1] 拓片字迹也比较流畅，但照片表现出铸后刻镂的痕迹，如"绍"字、"荐"字上半部分和"菹"字。

李零指出，政和与宣和礼器，是政、宣年间（1114—1125）的郊庙祭器，"不但器形是仿真器，做工考究，铭文也是仿出土铭文，不是用小篆，而是以金文，参以传世古文而写成，甚至就连遣词用语，也是尽量模仿商周铭文的口气"。[2]

关于绍兴十六年铜豆，有图录指出，"从器底观察，上下界系分别制作后再结合，乳丁突起处系另与器壁结合者。制作方法与商周礼器一器铸成者不同"。[3] 陈芳妹指出"圆豆形是钉上去的，器壁背面有明显的铆钉痕，圆腹与直腹皆有相结合的痕迹，与西周的一体成形的铸造方法已完全不同"。[4] 陈文颇为费解，从其上下文可以推知此处的"圆豆形"是指乳丁，乳丁类似大头钉一样钉在器壁上，才在"器壁背面有明显的铆钉痕"，因未亲考，此说值得怀疑。[5] 至于说到"圆腹与直腹皆有结合的痕迹"，或指铁锅状豆盘套合在圆筒状的座上。

四件豆的工艺一致，很有可能是同时铸造的产品，而錾刻铭文，与其他铸铭的宋代复古器不同，[6] 更提高了同批铸造，再于不同的使用场合，錾刻不同铭文的可能性。

3. 四件宋代复古铜豆的关系

陈芳妹在研究宋代青铜礼器时，尚未见到宣和七年豆，她对比钦崇豆和绍兴十六年豆，提出后者很可能直接师法前者。溯其渊源，陈芳妹指其形制与西周中期宝鸡弪国墓地豆、宝鸡高泉村周生豆有近似之处。指出"铸造此类豆时可能有三代器作为标本，但圆窝纹形式浮雕圆整，中间有一点的圆豆状，显然是宋人的改变"。二者纹

---

[1] 陈芳妹：《宋古器物学的兴起与仿古青铜器》，《美术史研究集刊》第 10 期，2001 年，第 87 页。
[2] 李零：《铄古铸今——考古发现和复古艺术》，第 85—87 页。
[3] 蔡玫芬：《文艺绍兴：南宋艺术与文化·器物卷》，第 60—61 页。
[4] 陈芳妹：《宋古器物学的兴起与仿古青铜器》，《美术史研究集刊》第 10 期，2001 年，第 87 页。
[5] 2018 年 5 月初访问台北故宫，蒙告知其实验室经过 CT 扫描，豆圆泡是分铸成形的，如何连接未详。当即请求他们发表该器 CT 扫描材料，迄今未见，疑虑还不能消除。
[6] 苏荣誉：《复古艺术的纠结：宋代铜礼器研究》，《欧洲汉学》2018 年约稿，待刊。

饰与三代的不符，陈的解释是，"共同反映宋宫廷对西周中、晚期纹饰不甚了解，仅备其意"。而宣和豆可能说明"南宋高宗力图祖绍北宋传统的努力"。[1]

但据前文考证，钦崇豆被发现于 1157 年，绍兴十六年豆完成于 1146 年，所论绍兴豆不可能"师法"上述的钦崇豆。

对比上文所及四件宋代复古铜豆，在形制一致、纹饰相同的共性下，可以分析其差别。从大小讲，它们的尺寸分别为（单位：毫米）：

器　　名	高	外　径	口　径	腹　深
钦崇豆	93.3（盘）	155.5		56.7
政和八年豆	185（器）	255		
宣和七年豆	70	167	102	31
绍兴十六年豆	70	145		38

很明显，政和八年豆缺数据，但其直径最大。钦崇豆高径比最大（0.6），较其他二器细而粗（宣和七年豆为 0.42，绍兴十六年豆为 0.48），钦崇豆最鼓而宣和豆最扁；腹深与直径比分别是 0.36、0.19 和 0.26，钦崇豆腹最深，而宣和豆最浅，绍兴豆均居其间。

从结构看，宣和豆圈足内沿有四个小切口，应与政和八年豆一致，而钦崇豆和绍兴豆的著录都不曾涉及，或许没有，或许都有，寄望台北故宫博物院发表更详细和具体的资料。

从纹饰布局看，绍兴豆纹带两侧的弦纹和乳丁有间隔，而宣和豆则紧贴于乳丁并被乳丁所打破，钦崇豆也是如此，整体构图更为紧凑。宣和七年豆腹壁突出的乳丁在腹壁内侧则呈圆窝状凹陷，而乳丁中间的小圆窝在腹部内侧的凹陷圆窝中间向内突起，虽未见绍兴十六年豆内壁，但从陈芳妹的"铆钉"描述看，[2]二者一致，与政和八年豆相同，钦崇豆则不得而知。宣和七年豆腹壁纹带两侧的凸弦纹，在内壁也可见微微凹下，绍兴十六年豆和钦崇豆如何不得而知。

从铭文看，三者如下：

钦崇豆：钦崇元祀乍（作）豆，隹（惟）旅其典祀，子孙永 享

政和八年豆：唯政和八年十月戊子，皇帝再奉上真作豆，以祝长生大帝君，其万年永宝用。

宣和七年豆：隹（唯）宣和七年二月丙辰，帝令作豆，易（赐）少宰邦彦，以祀其先。子＝（子子）孙＝（孙孙）其永保之。

绍兴十六年豆：隹（惟）绍兴丙寅三月乙丑，帝命乍（作）豆，赐师臣桧家庙，以荐菹醢，唯予永世用享

钦崇豆铭文不完整，后三器不仅文辞完整，且句式相同。

---

[1] 陈芳妹：《宋古器物学的兴起与仿古青铜器》，《美术史研究集刊》第 10 期，2001 年，第 87 页。文中用语词略嫌含糊，参照"宣和豆"，推知"圆豆形"当是指圆窝纹中间的小圆窝。

[2] 陈芳妹：《宋古器物学的兴起与仿古青铜器》，《美术史研究集刊》第 10 期，2001 年，第 87 页。

从制作看，他们的制作时间分别是：

钦崇豆：政和八年前（—1118）

政和八年豆：政和八年（1118）

宣和七年豆：宣和七年（1125）

绍兴十六年豆：绍兴十六年（1146）

四件豆相距约三十年，一代人或不到两代人光景，其中经历靖康之难，恍若隔世。

很明显，四件豆一脉相承，器形、纹饰都相当一致。

对于绍兴豆，陈芳妹指出"直接师法宋徽宗朝的钦崇豆而来是极可能的"，[1] 但据前文考证，钦崇豆被发现于1157 年，宣和豆制作于 1146 年，若非钦崇豆有若干件，绍兴豆难以"师法"钦崇豆，倒是师法宣和豆的可能性更大，而且二者更为接近。

4. 功用

四件宋代复古铜豆的功能，据铭文：

钦崇豆：皇帝自用，钦崇元祀

政和豆：皇帝再奉上真，以祝长生大帝君

宣和豆：皇帝赏赐李邦彦，以祀其先

绍兴豆：皇帝赏赐秦桧家庙，以荐菹醢[2]

显然，钦崇豆与政和豆性质相同，功能一致，徽宗祭祀自用；宣和豆与绍兴豆性质相同，功能一致。可以说，徽宗朝复古铸器的归宿，要么皇帝自用，要么赏赐权臣。

陈芳妹认为："北宋复古礼仪，包括袭仿周代赐臣铜器以建立家庙等，而南宋也亦步亦趋地用北宋例，赏赐铜礼器给重臣的家庙。"[3]

事实上，和绍兴十六年豆同时铸造的，传世还有一件铜鼎，铭曰："惟绍兴丙寅三月己丑，大师秦公桧一德协济，配兹乾坤，乃作铜鼎赐家庙，以奉时祀，子孙其永宝。"[4] 二器同时赐秦桧，想必同铸还有别器。

宋朝皇帝不断铸器赐予近臣，多与权相。陈芳妹述及宋宁宗嘉定十四年（1221），韩侂胄（1152—1207）、史弥远（1164—1233），理宗景定三年（1262）贾似道（1213—1275）等，皆得帝赐家庙祭器，惜未予出处。[5]

但迄今所知宋代青铜器中，却没有皇帝赐予其他大臣的，或可认为皇帝仅仅赐器与权臣。个中内情，值得深掘。

稽考参比四件宋代的复古铜豆，就其保存现状看，它们造型和纹饰完全相同，应是同时铸造的产品。然而，

---

[1] 陈芳妹：《宋古器物学的兴起与仿古青铜器》，《美术史研究集刊》第 10 期，2001 年，第 87 页。

[2] 《周礼》"醢人掌四豆之实，朝事之豆，其实韭菹、醓醢。"杨天宇：《周礼译注》，上海古籍出版社，2004 年，第 84 页。荐菹醢应该也属祭祀。

[3] 陈芳妹：《宋古器物学的兴起与仿古青铜器》，《美术史研究集刊》第 10 期，2001 年，第 87 页。

[4] 同上注，第 89 页。

[5] 同上注。但有笔误，韩侂胄亡于宋宁宗开禧三年（1207），何能十四年后于嘉定十四年（1221）受赐。

它们的尺寸不同，可以理解为其蜡模是分别塑造雕刻的，并非来自同一母模。这和三代青铜器的格局是一致的。

四件豆铭相差约三十年，三十年后与三十年前铸造之器完全一致，尤其经历了汴京被金人攻破，徽、钦二帝被掳，宋室南渡的变故，分别铸造的可能性很低，应是同时铸造之器。近乎完全同形的豆，铭文不同，而且铭文系錾刻，不似其他宋代复古铜器都是铸造铭文，更说明它们是同时铸造，后根据不同的用途临时錾刻铭文的。

据此，可以认为，政和年间铸造一批铜豆，徽宗元祀使用一件，錾刻了铭文，是为钦崇豆。政和八年十月，大概为徽宗次月的生日庆祝，錾刻铭文在另一件豆上。七年后，宣和七年，徽宗另选一件豆赐给权相李邦彦家庙，再錾刻铭文。宋室南渡后，绍兴十六年，高宗将另一件赐给秦桧家庙，当然也要錾刻铭文。

七、结语

青铜器是商周社会集观念、历史、艺术和技术于一体的、具有符号性的物质文化标志，数量巨大且品类众多，制作精良而卓尔不群。绝大多数被作为随葬品而瘗埋地下，那是这些器物的基本功能和主要归宿，复以各式各样的缘由而再现后世。

青铜器铭文中往往有追溯先祖勋绩事功者，未可尽信。春秋晚期产生绍述历史、构建烈祖业绩和理想社会架构的著述，辗转相传，形成了后来的礼书，载集了异常复杂的礼仪制度。时空转换，礼书中的礼仪制度及其承载和表现的礼器，后人已无从知晓，汉儒如郑玄便注而解之，多曲解或不求甚解，并据以图而画之。虽然舛误百出，但代有延续，不绝如缕。推想因时因地因人而异，解说和图画互有矛盾和抵牾。至五代，礼学博士聂崇义便稽考修订，于北宋初形成《新定三礼图》，而早期礼图不传，聂著更具有权威性，各地制作礼器以之为圭臬。

但是，聂著中的礼器颇为鄙陋。北宋金石学兴起，三代青铜礼器陆续发现并予著录，一些士大夫和官员不满《新定三礼图》和庙堂府学礼器，并呼吁重新制作礼器。到徽宗朝，皇帝的艺术雅好、道教的崇拜以及成圣的情节与宿愿，推动了复古制器活动，成立专门机构复古，参照三代彝器，肇作宋器，成一代之典。

然而，宋代搜集的青铜豆尚且有限，不过九件，种类较少，对三代青铜豆的认识还很有限，断代更是差强人意。《考古图》所著录的杜嬬铺，到《宣和博古图》著录为刘公铺，后者未曾参考前文，说明北宋对三代青铜器的雅好，集中在很小的圈子内，[1] 即使宋徽宗敕编内府藏器之图录，也未曾参阅三十年前的著述。

因此，徽宗朝的复古铸器，所能参考的青铜豆颇为有限，而其雄心则是参考三代青铜器以"肇作宋器"，因此，他们没有按照某些件古青铜豆重新铸造，而是采集了多件古器的一些元素，重新组合，进行"肇作"。当然，宋人对三代青铜器的做法几乎完全无知，以今度古，认为古代青铜器也是失蜡法铸造的。于是铸造了一批青铜豆，即是本文讨论的四件，其中三件实物犹存，虽然只有一件是完整器。四件豆虽然铭文不同，时代跨度也只三十来年，其中发生了靖康之变，宋室南渡，然而四件器造型和纹饰完全一致，可以认为是同时铸造的产品，大小互有出入，使用时再根据需要场合錾刻铭文。

钦崇豆的流传与认识过程，颇能表现出传统金石学对待器物的底色。器铸于徽宗政和年间，大约三十年后，

---

[1] 苏荣誉：《复古艺术的纠结：宋代铜礼器研究》，《欧洲汉学》2018 年约稿，待刊。

在高宗绍兴年间已经无人认识，即使是当时精通经史的饱学之士也是如此，一方面说明徽宗朝的复古制器规模有限，动静不大，产品很少，当代人往往不知其所，隔代全然无知。另一方面，宋代的金石学局限在很小的圈子，对古铜器基本上还没有形成能被广泛认可和接受的观念和知识并形成系统，一直处在个人经验阶段，同徽宗朝的政和牛鼎的流传和认知如出一辙。[1]

南宋晚期由朱熹发起的释奠和州县释奠仪图，明言推崇徽宗朝的复古铸器，但所绘仪图中的豆与徽宗朝的铜豆依然有很大的出入，是结合了图录与礼图，甚至包括作者别出心裁的"肇作"。

志谢：感谢李军教授馈赠在巴黎购买的色努奇博物馆的图录 *Bronzes de la Chine impériale des Song aux Qing*；感谢张莅博士惠赠台北故宫博物院藏晋侯对铺的照片，感谢李钟天同学赠给关于《三礼图》的新研究 *Design By The Book: Chinese Ritual Objects and the Sanli tu*，感谢王冬梅研究馆员核对"国子豆"，更感谢布明虎先生的宽容和耐心，使这篇原本计划讨论晚期铜豆的文章，两个多月数易其稿，成为现在这个样子。即使如此，难免率尔操觚，祈求方家不吝赐正。

荣誉

2024 年 9 月 30 日京北铸庐初稿

寒露日校订

补记：

山西翼城大河口霸国墓地 M1017，墓主是一代霸伯名尚，年代属西周中期偏早。墓中出土青铜容器五十三件，其中包括四件豆，它们造型一致，大小相若，铭文相同，内底均铸铭"霸伯作太庙尊彝，其孙孙子子万年永用"，可称霸伯豆，皆有程度不同的残缺，发掘报告认为同时铸造。豆 M1017：14 通高 216、口径 168 毫米，残重 3 380 克。鼓形豆盘敛口，甚浅，壁外弧，饰圆涡纹与四瓣目纹相间的纹带，凸弦纹作上边，凹弦纹作下边，云雷纹衬底。圜底外中心设有残钩，下接腰鼓形高校，底外撇较甚。顶部饰顾首龙纹带，中部饰兽面纹带，下边饰斜角目纹带，各纹带均由三组纹饰构成，都以云雷纹衬底（补图 1）（山西省考古研究所、临汾市文物局、翼城县文物旅游局联合考古队、山西大学北方考古研究中心：《山西翼城大河口西周墓地 1017 号墓发掘》，《考古学报》2018 年第 1 期，第 89—140 页，图 26；山西省考古研究院等：《霸金集

补图 1　霸伯豆 M1017:14（引自《霸金集萃》页 321）

---

[1] 苏荣誉：《政和牛鼎考——传统金石学的青铜器知识考古》，见朱渊清、苏荣誉编：《有凤来仪：夏含夷教授七十华诞祝寿论文集》，中西书局，2022 年，第 406—435 页。

萃：山西翼城大河口西周墓地出土青铜器》，上海古籍出版社，2021 年，第 311—327 页）。

　　霸伯豆铭文自称"尊彝"，用所谓对青铜器的"共名"。纹饰均由三组构成，颇具古风，可上溯到早商阶段。最为特别的，是豆盘颇浅形成"假腹"，外壁向下内收后即折出校，使豆盘悬在豆盘腹壁的中间（补图 2），这是目前所仅见的西周青铜豆类型。然而，却和前揭流传下的三件宋代复古豆结构高度一致，豆盘的形态也相同，可见徽宗朝复古铸豆，豆盘结构另有所本，未著录在《考古图》和《宣和博古图》，且下落不明。然而，复古仅仅限于豆盘的结构，因为霸伯豆豆盘腹壁与校一体，而徽宗的复古豆豆盘与校分别铸造，再卡接为一体。当然，霸伯豆的纹饰也大不相同，尤其是校并不透空。

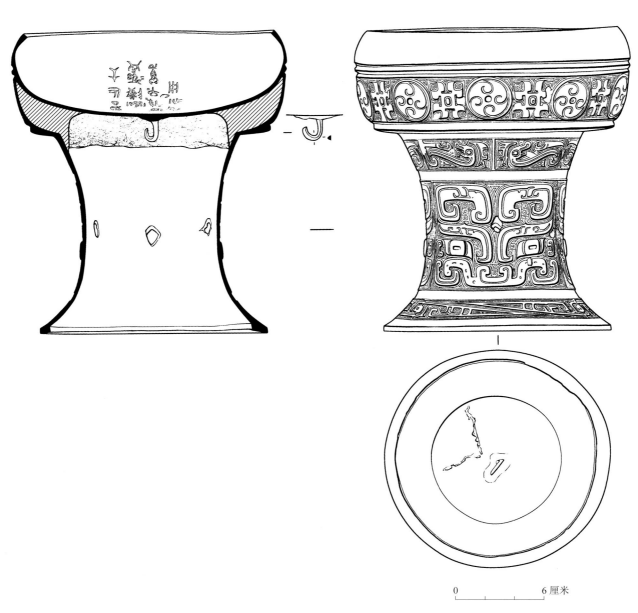

补图 2　霸伯豆 M1017:14 线图（引自《霸金集萃》页 320）

浙江省博物馆藏的两件元代仿古铜钟

俞珊瑛　浙江省博物馆

一、元皇庆改元（1312）编钟

　　1件，旧藏。椭圆形，平舞，平口。双龙纹钮，钲部 36 螺旋形枚，以雷纹为地。篆间饰夔龙纹，鼓部饰交龙纹，舞部饰兽面纹。两面钲间皆刻有铭文，其中一面为："皇庆改元郡守李希谢置，董工学正吕克忠。"另一面为："无射。"通高 30 厘米，铣间 11 厘米（图1）。

　　编钟铸造者李希谢，即朵儿赤，元初江南地区西夏遗民官僚的代表人物，他出身于一支祖籍为灵武而在元初徙至大名路定居的西夏遗民家族，本名为源出藏语 Rdo-ije 的金刚，李希谢为其汉名，此外他还有能够反映其西夏遗民身份认同的号——贺兰。李希谢自元至元后期出任温州路同知以来，历任温州、衢州、平江、绍兴等路总管，至迟至延祐五年（1318）出任江浙行省参知政事，并于元英宗至治元年（1321）仕至江西行省左丞。作为受汉文化影响很深的西夏移民官僚，李希谢在地方任职期间除了施行仁政外，还大力推广儒家文化和礼仪，如在任温州期间重修温州路官学、推行乡饮酒礼，在绍兴路学内为元武宗的《孔子加号诏》勒石立碑，以彰显朝廷对儒学和孔子的重视等。[1] 皇庆年间，李希谢在绍兴路总管任上，此件编钟即其为当地儒学制作的雅乐器之一。

图1　皇庆改元钟

---

[1] 刘志月：《元代西夏遗民李朵儿赤事迹考论》，《西夏研究》2017 年第 3 期。绍兴县修志委员会：《绍兴县志资料》第 1 辑，（台北）成文出版社，1983 年，第 711 页。

元代官方礼乐对原南宋、金和西夏的乐器、乐工、乐章等内容多有吸收。就"大成乐"而言，始于中统二年（1261）忽必烈命时任礼乐提举王镛作大成乐，并下诏收集散落民间的原金朝乐器；[1]并"求旧署之师工""按图索器"，制造乐器，审校音律。[2]忽必烈在位时，宣圣庙祭祀制度还不甚完备，而宣圣庙专用雅乐的正式创置，则始于成宗大德十年（1306）"命江浙行省制造宣圣庙乐器"，并令翰林新撰释奠乐章："降送神曰《凝安之曲》，初献、盥洗、升殿、降殿、望瘗皆《同安之曲》，奠节曰《明安之曲》，奉俎曰《丰安之曲》，酌献曰《成安之曲》，亚终献曰《文安之曲》，彻豆曰《娱安之曲》。"[3]因此元朝在建立近40年之后，官方的宣圣祭祀礼乐系统才得以完备。

大成乐创建之后，元朝政府并未及时推广到全国。延祐五年（1318）礼部诏令全国路府儒学推行大成乐后，地方始积极响应，大成乐由此在地方儒学陆续推广开来。从大德七年（1303）起，到至正二十一年（1361），各州、县儒学的雅乐建设活动贯穿元代始终，地方儒学纷纷铸造雅乐器。元代雅乐器的种类和数量，依《元史·礼乐志》"登歌乐器"部类为"金石丝竹匏土革木"八音，共计71件。地方儒学雅乐器有明确记载的为六十四、六十二、六十件不等。[4]

在元代大量儒学雅乐器"钟磬琴瑟、箫笙埙篪、搏拊柷敔"的配置中，除了少数几件编钟外，至今已罕有存世者。据不完全统计，共有以下几批。

（一）大德九年（1305）京师宣圣庙编钟

1件，上海博物馆藏。椭圆形，平舞，平口。钮为四层重叠方环形，钮上饰雷纹。钲部36花瓣状枚，以蟠螭纹为地。篆间饰夔纹，鼓部上方为铭文框，下为涡纹，舞部饰云纹。正面钲间刻有铭文"中吕"，鼓部铭文框内的内容为："大德乙巳平江路总管朵儿赤，教授刘惟肖造。杭州路儒学乐师施德仲。"通高29.4厘米，铣间19厘米（图2）。[5]

编钟铸造者朵儿赤，即李希谢。关于李希谢铸造的这批宣圣庙雅乐器，《元史》有载："（大德）十年，命江浙行省制造宣圣庙乐器，以宋旧乐工施德仲审较应律，运至京师。秋八月，用于庙祀宣圣。先令翰林新撰乐章，命乐工习之。"[6]忽必烈去世半年后，成宗"诏中外崇奉孔子"，[7]元贞元年（1295）阎复上疏"京师宜首建宣圣庙学，定用释奠雅乐"，[8]成宗接受了这一建议。不过《元史》记载宣圣庙乐器的铸造时间与上博藏编钟铭文有出入，又据清光

图2　大德九年（1305）钟

---

[1]（明）朱濂等：《元史》卷六十七《礼乐一》，中华书局，1976年，第1664页。

[2]《元史》卷六十八《礼乐二》，第1693页。

[3] 同上注，第1697页。

[4] 刘砚月：《"文化惯性"与"雅俗冲突"：论元代地方儒学释奠雅乐的重建》，《湖南大学学报（社会科学版）》第30卷第2期，2016年2月。

[5]《中国音乐文物大系》总编辑部：《中国音乐文物大系：上海卷、江苏卷》，大象出版社，1996年，第94页。

[6]《元史》卷六十八《礼乐二》，第1697页。

[7]《元史》卷十八《成宗一》，第386页。

[8]《元史》卷一百六十《阎复传》，第3773页。

绪《杭州府志》援引《续文献通考》的记载："大德九年命江浙行省制造宣圣庙乐器，以宋旧乐工施德仲审较。"[1] 实物与文献验证可知这批编钟于大德九年开始铸造，到大德十年（1306）铸造完毕运至京师用于八月的宣圣庙祭祀。从此，京师孔庙祭祀废除了世祖所定的大成乐，而采用宋代的大晟乐。大德十一年（1307）成宗加封孔子为"大成至圣文宣王"，此后有些地方也将大晟乐称为大成乐。在元朝中后期相当长的一段时期内，大成乐和大晟乐或所谓的雅乐与俗乐并存。[2]

（二）至治三年（1323）嘉定州儒学编钟

1件，上海博物馆藏。形制与大德九年钟相同，正反两面鼓部各铸有9行51字铭文："朝列大夫学校提调官周思明，教授刘德载，直学徐柏岩，知书郑德昭，林安寿，吴庠乐师余胜予校正。至治癸亥孟夏，嘉定州儒学置。"通高30.4厘米，铣间18.3厘米（图3）。[3]

据《嘉定州儒学大成乐记》载，至治三年（1323）嘉定儒学乐器的品种及数量为：编钟十六，编磬十六，琴瑟十二，箫二，管二，篪二，巢笙二，和笙二，埙二，搏拊二，柷二，敔二等。[4]至明万历时期，多数乐器已不存，《万历嘉定县志》云："至治三年知州周思明修大成乐器，今存钟一，磬一，小钟十三。"[5]此件嘉定州学乐钟，即存世16件编钟之一。《元史·礼乐志》"登歌乐器·金部"条载："编钟一簴，钟十有六，范金为之。"[6]宋代大晟新乐的编钟，分正声、中声、清声三声，并分别候气成编使用："今大晟乐宗前代制，亦用十六枚，以十二枚为正钟，四枚为清钟焉。"[7]元代儒学大成乐应也沿用了前代雅乐的使用方式。

图3　至治三年（1323）嘉定州儒学钟

（三）至治年常熟州儒学编钟

3件，常熟博物馆藏。形制与大德九年钟相同，正鼓部铸有铭文，其中两件相同："武郎将军、平江路常熟州达鲁花赤火失哈儿，忝助钱钞成造本州儒学大成雅乐。"另一件为："承务郎、平江路同知、常熟州事提调学校官完颜（琦）。"其一，通高28.9厘米，铣间21.1厘米；其二，通高29.3厘米，铣间19.9厘米；其三，通高29.1厘米，铣间19.5厘米（图4）。[8]

---

[1]（清）龚嘉俊等：《杭州府志》卷十四《学校》一，光绪二十四年（1898）修，民国十一年（1922）铅印本，（台北）成文出版社影印，第430页。

[2] 胡务：《元代庙学——无法割舍的儒学教育链》，巴蜀书社，2005年，第22、23页。

[3]《中国音乐文物大系》总编辑部：《中国音乐文物大系：上海卷、江苏卷》，第94、95页。

[4] 周仁荣：《嘉定州儒学大成乐记》，《江苏通志稿·金石二一》，1927年。

[5]（明）韩浚、张应武等纂修：《万历嘉定县志》卷三《营建·学宫》，上海博物馆藏明万历刻本。

[6]《元史》卷六十八《礼乐二》，第1700页。

[7]《文献通考》卷一百三十四，清文渊阁四库全书本。

[8]《中国音乐文物大系》总编辑部：《中国音乐文物大系：上海卷、江苏卷》，第185页。

图 4　至治年常熟州儒学钟

　　编钟铸造者火失哈儿，侯钦察氏小字，繇宿卫入官，授武略将军，列职东宫，迁江浙行省理问官，至治二年（1322）擢常熟监州。清《康熙常熟县志》卷十《官师表》也载火失哈儿于至治二年（1322）任常熟州达鲁花赤。又卷四《学校》"文庙祭器"条有云："编钟十二，旧存至治年造。"[1] 可知清康熙时期该套编钟尚有 12 件存世，铸造时间在 1322—1323 年。

（四）至元五年（1339）衡州路儒学乐钟

　　1 件，湖南省博物馆藏。合瓦形，平舞，平口。钲部 36 螺旋形枚，钲上部、两侧以及篆间皆饰夔纹，鼓部饰螺旋形兽面纹。钮缺失，露出二孔洞，钮两侧的舞面上铸有 2 行铭文："衡州路儒学大成乐器，至元己卯孟夏吉日置。"钟身高 20.9 厘米（图 5）。元代有两个至元己卯年，一是元世祖至元十六年（1279），一是元顺帝至元五年（1339）。元初政治动荡，无暇注意礼乐教化，此钟当是顺帝至元五年铸造的。[2]

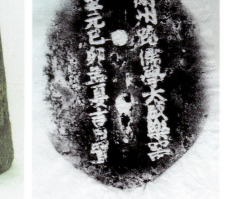

图 5　至元五年（1339）衡州路儒学钟

[1] （清）高士鸃、杨振藻修，钱陆灿等纂：《康熙常熟县志》卷十《官师表》，卷四《学校》"文庙祭器"条，《中国地方志集成江苏府县志辑 21》，江苏古籍出版社，1991 年，第 192、58 页。
[2] 陈建明主编：《复兴的铜器艺术——湖南晚期铜器展》，中华书局，2013 年，第 150、151 页。

（五）至正二十一年（1361）吴江州儒学乐钟

1件，中国国家博物馆藏。形制与大德九年钟基本相同，五层阶式桥形钮，钮饰雷纹。舞面饰二组龙纹。钲部 36 花瓣形枚，以菱形纹、三角纹为地，篆间饰蟠螭纹。正鼓部圆形台面上饰涡纹。鼓部背面刻 5 行 37 字铭文："提调学校官同知吴江州事马刺沙，判官郭鉴、顾登、邢宾，提控案牍郑义，都目郑珍、陈颐、谈涣。"鼓部两侧分刻铭文："司吏毕忠、沈文明、张寅、童懿德、赵文英、章天麟、陆天祥、赵文政、陈和。""吴江州儒学教授陈义，训导赵钧、陶琛，直学乔桧，司吏顾天泽，乐师王子□校正，铜匠陆用。至正辛丑仲夏吉日□。"通高 29 厘米，舞修 13.4 厘米，舞 11.5 厘米，铣间 16.3 厘米。此钟为至正二十一年（1361）吴江州州儒学教授陈义等补铸文庙大成乐器（图 6）[1]。

图 6　吴江州学钟

《元史》记载江浙行省是雅乐器的重要产地，如大德九年京师宣圣庙编钟即为江浙行省制造。元至治之后，每造新祭器亦多下江浙行省，[2] 如至顺三年（1322）宁宗命江浙行省"范铜造和宁宣圣庙祭器凡百三十有五事"，[3] 至正九年（1349）虽有"命太常定仪式，工部范祭器"，[4] 但雅乐器仍由江浙行省制造。此外文献中发现地方儒学的乐器均来自南方，地点有"余杭""浙江""姑苏""钱塘"等，皆在苏杭一带。因此江浙地区作为雅乐器制造中心之一，其产品不仅供应官方的宣圣庙，也供应各地的儒学。而江西、两湖一带的儒学则在"庐陵""长沙""江右"等地定制乐器。[5]

就上述元代儒学乐钟形制来看，根据不同的钮式，可分为四类：第一类，四层重叠方形环钮，包括京师宣圣庙钟、嘉定州学钟、常熟州学钟。第二类，双龙纹钮式，见于皇庆钟。第三类，五层阶式桥形钮，见于吴江州学钟。第四类，钮脱落，见于衡州路学钟。其中第一、三类钟的钮式既不见于《宣和博古图》等之类的礼书，也与商周编钟上的钮制有别，体现了元代仿古乐器的新意。第二类钟则与《宣和博古图》著录的"周虬钮钟"（图 7）[6] 基本接近，后者应是其样本来源。另外第一、二类钟的钮式虽然不同，但枚以蟠螭纹、菱形纹等为地，篆间饰对称夔纹的做法一致；第一、三类钟钮上饰雷纹、枚作花瓣形等的特征也相同，

图 7　《宣和博古图》周虬钮钟

---

[1] 苏强：《国博馆藏元代吴江州儒学铜钟初探》，《中国文物报》2022 年 7 月 19 日 8 版。

[2]《元史》卷七十四《祭祀三》："中统以来，杂金、宋祭器而用之。至治初，始造新器于江浙行省。"第 1846、1847 页。

[3]《元史》卷三十七《宁宗》，第 812 页。

[4]《元史》卷七十七《祭祀六》，第 1915 页。

[5] 刘砚月：《"文化惯性"与"雅俗冲突"：论元代地方儒学释奠雅乐的重建》，《湖南大学学报（社会科学版）》第 30 卷第 2 期，2016 年 2 月。

[6]《重修宣和博古图》卷二十五，清文渊阁四库全书本。以下版本相同。

而与第四类钟差别较大。因此，第二、三类钟应也都是在苏杭一带制造的。

二、太清宫钟

1件，1957年杭州西湖出土。合瓦形，钮作双龙首四足蒲牢，舞部圆凸，中间有一小圆孔与钟体相通，外饰两周云雷纹，间饰一周缠枝纹。钲部36枚，钲、篆间饰雷纹，篆间雷纹中有亚字形框。钲上部饰涡纹、几何形纹带，鼓部两面皆为海兽纹。两面钲间铸有"太清宫"与"汉编钟"铭文。通高20.5厘米，铣间12.5厘米（图8）。[1] 据"太清宫"铭文，该钟为宗教仪式乐器。

类似的仿古乐钟，元代还发现有4件。

其一，海盐镇海塔地宫回廊出土的一件铜钟，钟身圆筒形，口缘外张。钮已脱落，在脱落的钮与舞相接处有铸焊痕迹。平舞，舞面饰以云纹、海波纹为地的变形动物纹，中间有一小圆孔与钟体相通，舞面纹饰为小圆孔打破。钟身纹饰以宽弦纹间隔为三层，上层饰三角纹，其内为S形云纹、菱形和三角形雷纹；中层钲部36枚，钲、篆间饰雷纹，篆间雷纹中有亚字形框；下层饰一周变形兽面纹，以雷纹为地（图9）。海盐镇海塔于元统二年（1334）募缘建塔，辛巳岁（1341）塔成，地宫与塔为同时建造。[2] 铜钟出土于佛塔地宫，说明了其作为宗教仪式乐器的性质。

图8　杭州西湖太清宫钟

其二，新安海底沉船出土的一件铜钟，形制、纹饰与镇海塔钟基本相同。钮已脱落，舞部圆凸，中间有一小圆孔与钟体相通。钟身两面钲间分别铸有"太清宫"与"汉编钟"铭文，下层正鼓部兽面纹两侧铸有"眉寿"二字铭文（图10）。[3] 新安沉船是14世纪前半叶从中国的庆元（宁波）出发前往日本的国际贸易商船，途中因台风等原因，最终沉没在高丽的新安外方海域。由于船上货物的订货商为日本寺院，沉船中的器物以供器、陈设器、文房器为主。[4]

[1] 王宣艳主编：《中兴纪胜——南宋风物观止》，中国书店，2015年，第80页。

[2] 李林：《海盐镇海塔及出土文物》，《东方博物》第33辑，浙江大学出版社，2009年。

[3] 韩国国立中央博物馆：《新安海底文化财调查报告丛书2：金属工艺》，2016年。

[4] 李德金等：《朝鲜新安海底沉船中的中国瓷器》，《考古学报》1979年第2期。席龙飞：《对韩国新安海底沉船的研究》，《海交史研究》1994年第2期。［日］三上次男、王晴堂：《新安海底的元代宝船及其沉没年代》，《东南文化》1986年第2期。

图 9　海盐镇海塔地宫出土铜钟

图 10　新安海底沉船铜钟

其三，福建南平窖藏出土的一件铜钟，也基本同于镇海塔钟与新安沉船钟。钟身圆筒形，上部略收缩，口沿平直。蒲牢钮，舞部圆凸，中心有一圆孔通于钟腔。舞面饰水波纹，钟身第一层饰三角纹与菱形纹，其内为S形云纹、菱形雷纹，第二层钲部36枚、篆间雷纹中有亚字形框，第三层两面皆饰以雷纹为地的一对龙纹，两面钲间有"太清宫"与"汉编钟"铭文。[1] 该窖藏伴出有道教铜镜、铜龙等科仪法器，很可能也与道观宗教活动相关。发掘者认为南平窖藏出土大量仿古青铜器的年代是元代，铜钟为明代器。结合海盐镇海塔、新安沉船两件铜钟的年代，该钟为元代器的可能性较大。

其四，1975年陕西岐山县博物馆益店镇收购站拣选的一件至正元年（1341）铭铜钟，形制与南平窖藏钟接近，平舞。钲上部饰连枝蔓草纹，36花瓣形枚，篆间饰云纹填地的变形兽面纹，正鼓部饰大兽面纹。钟腔内壁铸楷书阳文："至正元年造。"（图11）[2]

 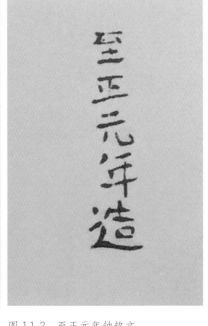

图11.1　至正元年钟　　　　　　图11.2　至正元年钟铭文

以上5件元代仿古铜钟，除杭州西湖钟的钟身为合瓦形外，其余钟身皆为圆筒形，口缘外张或平直，舞部多圆凸，中间有一圆孔与腔体相通，钮为蒲牢等，这些特征均与周代乐钟有别，而见于Ⅰ型、Ⅳ型梵钟。[3] 根据新安沉船、杭州西湖和南平窖藏出土3件铜钟上的"汉编钟"铭文，其仿照的对象当为汉代的编钟。《博古图》著录的汉代编钟，如"汉辟邪钟"（图12）、"汉环钮钟"（图13）等，皆为合瓦形，龙纹钮或环钮。比较而言，四川广安县广福乡南宋窖藏出土的一件编钟，双首龙纹钮中一云朵，两面刻"黄钟""大吕"音律名，内部铸"永寿元年记造"，[4] 更接近《博古图》汉代编钟。对现存最早的梵钟南朝陈太建七年（575）钟（图14）的研究结果表明，此件铜钟不是梵钟的最早形态，最早的梵钟应如受中国影响的朝鲜和日本的梵钟一样是有乳枚的，特别是朝鲜梵钟顶部有的还立有一枚被称为"甬"的圆筒，使人联想到先秦的甬钟（图15）。这种有乳枚、圆筒形的梵钟发明于中国南方，与先秦古乐钟关系密切，至迟在南朝传播至朝鲜和日本。[5] 果如此，则上述5件有乳枚、圆筒形的元代仿古铜钟，似颇接近最早的梵钟。

[1] 黄汉杰、曾伟希：《福建南平窖藏铜器》，《南方文物》1998年第2期。

[2] 《中国音乐文物大系》总编辑部：《中国音乐文物大系：陕西、天津卷》，大象出版社，1999年，第106页。

[3] 孙机：《中国梵钟》，《考古与文物》1998年第5期。

[4] 李明高：《广安县出土宋代窖藏》，《四川文物》1985年第1期。

[5] 孙机：《中国梵钟》，《考古与文物》1998年第5期。秘密：《也谈梵钟起源》，《四川文物》2014年第6期。

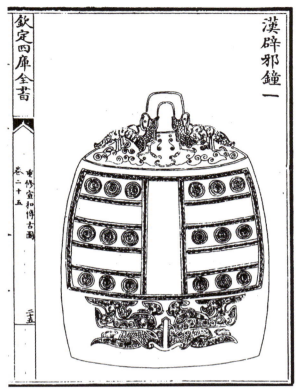

图 12 《宣和博古图》汉辟邪钟

图 13 《宣和博古图》汉环钮钟

图 14 南朝陈太建七年（575）梵钟 日本奈良国立博物馆藏

图 15 高丽青凫大寺太平十二年（1032）梵钟 滋贺园城寺藏

海盐镇海塔地宫回廊钟与磬共出。铜磬倨句约 95 度，接近官方礼书规制，但股博、股、鼓的长度比例（股博 4.8 厘米、股 13.5 厘米、鼓 15 厘米）与官方礼书中的比例 1∶2∶3 有出入，[1] 根据铜磬上的铭文"子子孙孙其永宝用"，则原为祭祀乐器（图 16）。钟、磬为周代礼乐文化的核心，主要用于祭祀仪式中，同时还作为随葬品入圹。佛教仪式中，演奏音乐的乐器也包括了中国传统的乐器钟与磬。佛事用钟磬不迟于公元 5 世纪初，南朝梁僧祐《出三藏记集》卷四记载："《钟磬贫乏经》一卷，抄《出曜经》。"《出曜经》为姚秦时凉州竺佛念译。[2] 此外《艺文类聚》也载有公元 6 世纪初南朝梁昭明太子为母造慈觉寺掘得古钟以施寺等事。[3] 不过元代将佛教仪式乐器仿古钟磬与鬲式香炉共置于地宫回廊的做法，可能受到了宋元丧葬习俗的影响。[4] 宋墓中随葬钟磬的习俗，发端于北宋蓝田吕氏家族对宗庙礼乐器的改造和实践，吕氏家族墓有 6 座墓葬随葬仿古石磬，且在磬上题刻长篇铭文。吕氏将主要用于祭祀祖先、天地和社稷的磬随葬，是对这一宗庙礼乐器的改造和重新诠释：这些磬均为明器，寓意吕氏的文人风骨和温良、谦恭之德。[5] 铜钟则见于南宋墓，如浙江平阳黄石墓（图 17）[6]、江西波阳县（今鄱阳县）华岭南宋墓（图 18）[7] 出土的两件。郑嘉励认为黄石墓出土铜器为南宋地方学校的释奠礼器，[8] 许雅惠则认为该墓的铜鼎和二钫可构成一炉二瓶的组合，作为案上的常供器使用，也不排除为书斋清玩。[9] 南宋墓所见两件铜钟均为圆筒形，双首龙纹钮，平舞，舞部中间有一圆孔与腔体相通，钟身装饰三层纹饰带，无枚、篆、钲、鼓之分，形制颇类梵钟，其作为随葬品入圹，应与儒学释奠礼无涉。

图 16　海盐镇海塔地宫出土铜磬　　　　　　　　图 17　平阳黄石墓铜钟　　　　图 18　江西华岭南宋墓铜钟

1 武夏：《器以藏礼——蓝田吕氏家族墓地出土石质器物研究》，《中国国家博物馆馆刊》2022 年第 11 期。

2 （南朝梁）释僧祐撰，苏晋仁、萧錬子点校：《出三藏记集》卷四《新集续撰失译杂经录第一》、卷一二《法苑杂缘原始集目录序》，中华书局，1995 年，第 196、447 页。

3 （唐）欧阳询：《艺文类聚》卷七七《内典下》，中华书局，1965 年，第 1311 页。

4 陈阳：《小议宋末元初佛塔地宫出土文房用具的现象》，浙江省博物馆编：《中兴纪胜：南宋风物观止学术研讨会论文集》，中国书店，2017 年。

5 胡译文：《复古与自牧——北宋蓝田吕氏家族墓研究》，广西师范大学出版社，2023 年，第 174—205 页。

6 叶红：《浙江平阳县宋墓》，《考古》1983 年第 1 期。章鹏华、包绍华：《苍南黄石家族墓出土文物》，《东方博物》第 84 辑，上海书画出版社，2022 年。

7 唐山：《波阳南宋墓出土文物介绍》，《文物工作资料》1976 年第 3 期（总第 61 期）。《中国音乐文物大系》总编辑部：《中国音乐文物大系卷Ⅱ·江西卷、续河南卷》，大象出版社，2009 年，第 48 页。

8 郑嘉励：《从黄石墓铜器看南宋州县儒学铜礼器》，《浙江省文物考古研究所学刊》第 9 辑，科学出版社，2009 年。

9 许雅惠：《宋、元〈三礼图〉的版面形式与使用——兼论新旧礼器变革》，《台大历史学报》第 60 期，2017 年。

明代兖州府儒学祭器研究

胡嘉麟　上海博物馆

　　明朝初年，明太祖朱元璋刚即位就遵照前朝惯例祭祀先师孔子。然而，全国经过多年战乱，各地文庙损毁者众多，不具备天下通祀的条件。洪武二年（1369），诏令天下郡县并建学校。逐渐形成天下各府州县必有学，学必有庙的局面。洪武十五年（1382），明太祖遂令礼部尚书"与儒臣其定释奠礼仪，颁之天下学校，令以每岁春秋仲月通祀孔子"。[1] 此后，永乐、洪熙历代皇帝仍对孔子尊崇有加。成化十二年（1476），明宪宗采纳国子监祭酒周洪谟的奏议，将孔子祀典升为大祀，冕服、祭器、乐舞均使用天子之仪，明代文庙的祭祀仪礼制度发展到顶峰。嘉靖九年（1530），明世宗开始降杀孔子祀典的规格，一直延续到明朝灭亡。由此可见，成化朝和嘉靖朝是明代文庙祭祀礼仪制度发生改变的关键时期。

　　1996 年山东济宁兖州区九州东路东御桥小学发现一处明清时期兖州府学文庙祭祀器物窖藏，共出土礼乐器 404 件（套），已经有学者对窖藏的发现情况和出土器物做了介绍和研究。[2] 其中，礼器有铜方鼎、铜铏、铜簠、铜簋、铜豆、铜登、铜爵七种共 383 件，乐器有铜编钟、石编磬两种共 20 件。除了"乾隆辛酉年"款的铜编钟和"圣庙祭器"款的铜爵为清代儒学祭器，其余大部分都是明代不同时期制作的器物。这批器物现藏于兖州博物馆，对于研究明代北方地区儒学祭器的文化内涵，以及山东文庙祭祀礼仪制度的发展变化具有重要价值。

一、兖州府儒学祭器的文化内涵

　　方鼎，5 件。按照形制、纹饰和铭文可以分为两组，A 组一件，B 组四件大小基本相同。A 组方鼎 S678 残高 34.5 厘米、口长 40 厘米、口宽 26.5 厘米（图 1）。口沿微侈，唇部高窄，在口沿有一对长方形的立耳，耳部内侧平直，外侧中间三面内凹。腹壁斜收，平底下置四个兽首形圆柱足，柱足皆有残损，兽首面部模糊。口沿饰一周缠枝纹，腹部四面上端饰一周折线三角形蕉叶纹。腹部正面中央有一个长方形的开光，开光内铸有阳文四字楷书铭文"万历元年"，铭文两侧饰花卉纹和蔓草纹。背面的中央饰盆景花卉纹，两侧为蔓草纹。腹部的两个侧面分别装饰有盆景兰草纹和蔓草纹。

图 1

[1]《太祖实录》卷一百四十四，《明实录》，"中研院"历史语言研究所 1962 年，第 2264 页。
[2] 董涛：《兖州明清府学文庙祭祀礼乐器窖藏》，《东方博物》第 80 辑，上海书画出版社，2022 年。

图 2

图 3

图 4

这件方鼎的纹饰比较特殊，明代儒学祭器中装饰花卉纹样的大多为南方地区的特点，例如福州市博物馆收藏的成化三年福州府学方鼎。[1]

B 组方鼎 S676 通高 34 厘米、口长 45.5 厘米、口宽 29.5 厘米（图 2）。折沿方唇，口沿立有一对外撇的附耳，附耳内侧平直，外侧中间内凹，尤其是上端内凹面积甚大。腹壁微微斜收为平底，底部四隅设狮首形蹄足，狮首外突，怒目隆起，狮口张开露出獠牙，蹄足下端有厚厚的高台。腹部四面装饰有兽面纹，兽面为梭形眼，体躯作卷云形，整个纹饰以线条勾勒，不施地纹。兽面纹周边以方正的云雷纹填充，排列整齐密集。兽面上端饰有两朵祥云纹充当兽角，顶部靠近口沿处饰有四朵祥云纹。这件方鼎没有铭文，其形制、纹饰与曲阜孔庙旧藏的成化二十三年宣圣庙方鼎和弘治二年方鼎[2]比较相近。

这两组铜方鼎现藏于孔子博物馆。成化二十三年宣圣庙方鼎通高 74 厘米、口长 73 厘米、口宽 50 厘米，重 98 000 克（图 3）。附耳两侧平直，腹部四隅设有锯齿状扉棱，以及兽首形圆柱足与兖州府学兽面纹方鼎均有差异。兖州府学兽面纹方鼎腹部四面的中央有界格状长条形应该是表示扉棱的纹饰。成化二十三年宣圣庙方鼎的兽面纹样式与之也有不同，兽面纹的兽目较小，兽角部位为虎耳形，鼻梁正中有四层菱形图案，鼻翼较大向两侧内卷，口部张开，下颚内卷，体躯省略。兽面纹两侧还饰有倒置的变形龙纹，龙首已经不能分辨，整体纹饰以规整的云雷纹作地纹。方鼎正面唇部外侧铸有三字楷书铭文"宣圣庙"，背面唇部外侧铸有十二字楷书铭文"明成化二十三年七月吉日造"。腹部两侧面中间的方形框内铸有多行楷书铭文，但是铭文磨损严重，多不可辨认，铭文框两侧有倒置的变形龙纹和云雷纹。

弘治二年方鼎有两种不同形制，但是铭文相同，应该是同一批制作的。一种是方鼎体型较高，口沿有一对立耳，通高 33.1 厘米、口长 27.5 厘米、口宽 19.2 厘米（图 4）。另一种是方鼎体型较宽，口沿立耳残失，通高 31.7 厘米、口长 31.8 厘米、口宽 26.5 厘米

1 戴小巧：《福州市博物馆藏明代福州府儒学文庙祭器》，《文物春秋》2018 年第 1 期。
2 杨孝瑜：《曲阜孔庙旧存明代铜礼器研究》，《中原文物》2021 年第 3 期。

（图5）。这两种方鼎的腹部四隅均设有扁平的扉棱，平底下置粗壮的圆柱足，柱足上端不饰兽首。兽面纹的样式与成化二十三年宣圣庙方鼎十分相似，兽面纹的体躯省略，兽角部位为虎耳形，虎耳下部的两端内卷。这种虎耳式兽面纹频繁出现在成化朝、弘治朝的儒学祭器上，体现了明代中期以曲阜孔庙为中心北方儒学祭器纹饰风格的一致性。高体方鼎正面腹部中央的方形框内铸有二十字楷书铭文"钦差巡抚山东地方督察院右佥都御史钱塘钱钺"，背面腹部中央的方形框铸有八字楷书铭文"弘治贰年捌月吉日"。这种方形框实际上是打破了腹部正中兽面纹的纹饰结构，使得兽目和虎耳分列

图5

方框两侧，在兽面纹左右两侧还装饰有伫立的变形凤鸟纹。宽体方鼎的铭文位置和内容与之相同，只不过在方形框的两侧分别装饰有一个完整的兽面纹。腹部两侧也分别铸有铭文，左面有九行铭文由左向右依次为"巴陵谢纲、河间朱瓒、锦城赵鹤龄、副使关中阎仲宇、山东按察司按察使白水侯恂、佥事天台潘祯、闽中廖中、何东普晖、大兴宋礼"，右面有八行铭文由左向右依次为"何东韩文、山阳沈纯、左参政会稽何鉴、左布政使蠡吾王道、山东部政司、右布政使河东吴珉、右参政河东张岫、右参议彭城金钟"。这些人物都是当时资助铸造儒学祭器的官员和乡绅，官职高的人在铭文中间，向左右两边顺序排列。

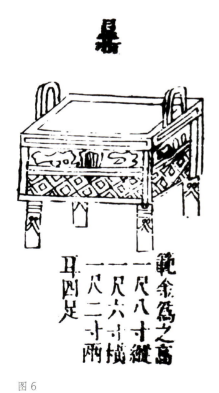

图6

方鼎在明代儒学祭器中主要用作香炉，但是朱熹的《绍熙州县释奠仪图》和《大明集礼》中并无方鼎的图谱。弘治十八年（1505），在李东阳的主持下，时任山东等处提刑按察使司副使、奉敕提督学政陈镐撰述的《阙里志》中最早刊刻有方鼎图谱，并称"鼎，炉也，用以焚香"（图6）。万历年间李之藻的《頖宫礼乐疏》中亦无方鼎图谱，称"香案、香合，洪武七年令祭祀皆免上香"。由此可知，明朝初年的祭祀礼仪中香炉并非主要祭器，这个转变可能出现于宣德朝。《阙里志》的礼器图谱明显受到《考古图》《博古图》的影响，可是从方鼎的形制和纹饰不难看出，其与上述几件方鼎的差异较大。因此，弘治年间的《阙里志》刊刻之前，全国各地可能流传有不同的礼器图谱，这些图谱甚至与"宣德三谱"或许有渊源。《（康熙）云南通志》"礼器图"收录的兽面纹方鼎[1]（图7），以及《（雍正）广西通志》"礼器图"也收录的兽面纹方鼎[2]（图8），都是在香几上放置方鼎用以充当香炉。这两件兽面纹方鼎的样式与成化二十三年宣圣庙方鼎比较相近，反映了清代早期的礼器图谱中保存有不少明代礼图的遗风。兖州府学兽面纹方鼎的狮首蹄足很有特点，与福建龙岩上杭县文庙鼎[3]、浙江宁波奉化文庙鼎[4]都比较相

[1]（清）赵祥星修，钱江等纂：《（康熙）云南通志·礼器》卷十六，凤凰出版社，2009年，第367页。
[2]（清）范承勋、王继文修，吴自肃、丁炜纂：《（雍正）广西通志·学校》卷四十一，凤凰出版社，2010年，第22页。
[3] 王茂芳：《上杭县文庙祭祀礼器探讨》，《福建文物》2015年第3期。
[4] 俞珊瑛、张牵牛：《宁波奉化孔庙礼乐器研究》，《文博》2020年第1期。

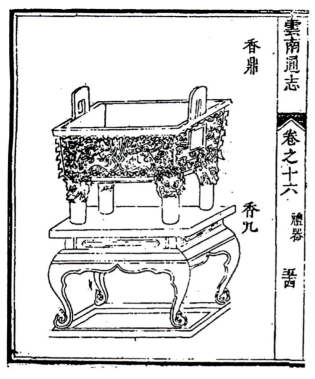

图7

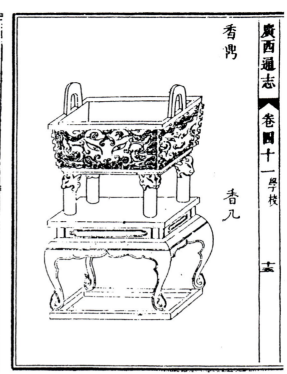

图8

似。根据文献记载，上杭县文庙于成化二十一年（1485）开始铸造铜礼器，弘治三年（1490）造成。因此，兖州府学B组方鼎的年代大致在明代中期，A组方鼎的年代则是明代晚期万历朝的标准器。

铜，2件，形制、纹饰、尺寸和铭文基本相同。另有铜盖三件，器身已经残失，形制、纹饰和铭文与之俱同。S705通高22.2厘米，口径16.1厘米，盖高6.5厘米，口径15.5厘米（图9）。整体作卵形，盖面隆起呈半球状，盖沿有厚唇，盖顶上端设三个云头形小钮。盖面饰有一周简化的兽面纹，仅表现为兽面纹的鼻梁和上颚，以及两个虎耳形兽角分列鼻梁两侧，兽目则完全省略，以云雷纹作地纹。这种虎耳形兽角与孔子博物馆收藏的成化

图9

二十三年宣圣庙方鼎、弘治二年方鼎相同。盖顶素面，正中央有一个方形框，方框内铸有阳文楷书铭文六字"兖府文庙祭器"。器身为折沿方唇，深腹圜底，腹壁从口沿逐渐下收，下置三个外撇的云头形足，其形制与盖钮相同，尺寸却更大。腹部两侧设有一对龙形耳，龙首较大，张口露齿噬咬住器物口沿，龙体纤细，尾部内卷攀附于器物腹部。腹部纹饰被粗细两条不同的箍带分为三段，上段装饰卷草文，中段素面，下端装饰祥云纹。腹部一侧的方形框内铸阳文楷书铭文二十字"大明成化丁未三月吉日山东兖州府知府赵兰造"。

铜在明代儒学祭器中主要用作和羹之器，其名称和形制来自《三礼图》。聂崇义《三礼图集注》称"铜以盛羹，受一升，口径六寸，有三足，足高一寸，有两耳，有盖"。《绍熙州

县释奠仪图》没有铡的图谱，这是因为《考古图》《博古图》等北宋金石学著作中并无自名的"铡"。所以，"铡"这种器物完全是后世礼学家"以经绎器"的产物，器形的借鉴可能为春秋、战国时期的楚式敦。《大明集礼》和《頖宫礼乐疏》中的铡基本相同，都是细三足向外翻卷，腹部装饰兽面纹。唯有《阙里志》中的铡（图10）与此器十分相似，只是纹饰稍有不同。兖州府学铡制作于成化丁未年，即成化二十三年（1487）。孔子博物馆收藏的一件成化二十一年孔庙铡[1]（图11），也是深腹圜底，下置三个云头形足。但是双耳为兽首耳，而非龙形耳。纹饰的布局和结构比较相似，上段同样是缠枝纹，中段光素无纹，下段所饰的菱形雷纹却更近于《阙里志》中铡的纹饰。由此可知，弘治年间编纂的《阙里志》礼器图谱很大程度上是受到成化朝礼器样式的影响。

篮盖，11件，形制、纹饰、尺寸和铭文基本相同。S701盖高6.8厘米，口长20.6厘米，口宽14.9厘米（图12）。整体呈椭圆形，折沿方唇，盖面装饰有菱形卍字纹，两侧有一对环耳，盖顶分置四个曲状云形钮，装饰有流云纹，正中的方形框内铸有阳文楷书铭文六字"兖府文庙祭器"。研究者认为这些篮盖是由两件合成整器，例如S692和S693相合为一件篮[2]（图13），这是不对的。以往，的湖南博物院所藏元代文靖书院的"簋"（图14）也有类似错误的认识。[3]这种礼器的形制应该是来自"博古图系统"，已经有相关文章予以纠正。[4]孔子博物馆收藏的正德十二年阙里篮（图15）完好无缺，其篮盖形制与之相同，可以得知残失的器身也是这样有圈足的形制。这两件篮盖都装饰有龟背纹，与装饰卍字纹的篮盖稍有区别。

图10

图11

图12

[1] 杨孝瑜：《曲阜孔庙旧存明代铜礼器研究》，《中原文物》2021年第3期。

[2] 董涛：《兖州明清府学文庙祭祀礼乐器窖藏》，《东方博物》第80辑，2022年。

[3] 陈建明主编：《复兴的铜器艺术——湖南晚期铜器展》，中华书局，2013年，第176页。

[4] 胡嘉麟：《宋元时期的礼器研究之一——以浏阳文靖书院祭器为中心》，同作者：《吉金元鸣——中国青铜时代的考古学研究》，上海古籍出版社，2020年，第330页。

图 13

图 14

图 16

图 15

图 17

　　簠盖，2件。纹饰、铭文相同，按照形制可以分为两组。A组有四足，两足已经残失，S680通高7.8厘米，口长19.8厘米，口宽15厘米（图16）。B组无四足，S679通高5.5厘米，口长20厘米，口宽15.5厘米（图17）。这两件簠盖整体作长方形，折沿方唇，盖面为盝顶形，直壁内折为斜壁。A组簠盖顶部分置四个曲状云形钮，与簠钮的形制相同。直壁光素无纹，斜壁装饰有龟背纹，顶部正中的方形框内铸有阳文楷书铭文六字"兖府文庙祭器"。孔子博物馆收藏的正德十二年阙里簠（图18）、万历十七年阙里簠（图19）的器盖形制均与之相同，只是这两件簠盖都装饰了兽面纹。兖州府学簠的器身也应该是这种腹部有附耳，底部有方形圈足的样式。值得注意的是，孔子博物馆还收藏有成化二十一年孔庙簠（图20），以及山东省博物馆收藏的成化九年临邑县学

图 18

图 19

图 20

图 21

簠[1]（图 21），其器盖形制却有较大差别。这种簠盖顶部有四面合围的波曲纹装饰主要来源于《绍熙州县释奠仪图》，在《阙里志》和《大明集礼》中依然沿用。兖州府学的铏、簋、簠有相同的装饰特征，应为成化二十三年同一批制作的。由此推测，山东地区文庙礼器的样式，在成化二十一年还是使用《绍熙州县释奠仪图》影响的图谱，可是在成化二十三年左右，山东地区制作礼器的地方风格开始出现，并一直影响到明代晚期。

豆，239 件。另有豆盖 41 件，豆盘 2 件，豆柄 3 件。其形制大体相同，有器有盖，唯有豆柄粗细稍有差异。盖沿和口沿均为折沿方唇，盖内侧均匀分布有三齿，盖面隆起分作三层阶梯状，盖顶中心设宝珠形钮。浅腹平底，腹壁弧收，长柄底部外侈下折为高圈足，圈足底部有折沿。按照纹饰和铭文可以分为九组，A 组 94 件，B 组 22 件，C 组 99 件，D 组 17 件，E 组 1 件，F 组 1 件，G 组 2 件，H 组 2 件，I 组 1 件。

---

[1] 布明虎、杨春纯：《明成化九年临邑县文庙祭祀礼器初探》，《文物鉴定与鉴赏》2020 年第 7 期（下）。

图 22　　　　　　　　　　图 23

A 组豆 S344 通高 25 厘米，口径 14.8 厘米（图 22）。腹部和柄中部饰龟背纹，圈足饰方折的云雷纹。柄中部一侧的方形框内铸有阳文楷书铭文二十字"大明成化丁未三月吉日山东兖州府知府赵兰造"。豆盖素面，在盖面中层第二层刻有阴文楷书铭文六字"兖府文庙祭器"。B 组豆 S372 通高 24.6 厘米，口径 14.5 厘米。腹部饰菱形卍字纹，柄中部饰龟背纹，圈足饰缠枝纹。C 组豆 S564 通高 23.4 厘米，口径 15.2 厘米。腹部和柄中部饰菱形卍字纹，圈足饰缠枝纹。D 组豆 S359 通高 26 厘米，口径 13.9 厘米（图 23）。腹部饰龟背纹，柄中部饰菱形卍字纹，圈足饰云雷纹。E 组豆 S510 通高 23.7 厘米，口径 14.2 厘米。腹部和柄中部饰菱形卍字纹，圈足饰云雷纹。F 组豆 S507 通高 25.6 厘米，口径 14.1 厘米。腹部饰龟背纹，柄中部饰菱形卍字纹，圈足饰缠枝纹。G 组豆 S389 通高 24.4 厘米，口径 14.9 厘米（图 24）。其纹饰与 C 组豆相同，在盖面第三层阴刻有楷书铭文六字"兖府文庙祭器"。H 组豆 S544 通高 25 厘米，口径 15.1 厘米（图 25）。其纹饰与 A 组豆相同，在盖面第三层阴刻有楷书铭文六字"兖府文庙祭器"。I 组豆 S409 通高 24 厘米，口径 14.5 厘米（图 26）。其纹饰与 A 组豆相同，但是在柄中部一侧的方形框内铸有阳文楷书铭文十三字"大明嘉靖丁亥兖州知府俞智造"，盖面中部第二层阴刻有楷书铭文六字"兖府文庙祭器"。

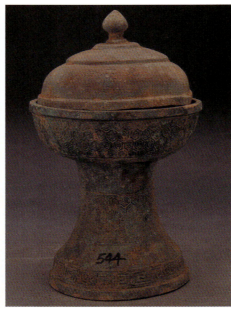

图 24　　　　　　　图 25　　　　　　　图 26

　　从上述九组豆的纹饰结构可以看出，主要是龟背纹、菱形卍字纹、云雷纹和缠枝纹四种纹饰相互搭配组合。龟背纹和菱形卍字纹只出现于腹部或柄部，云雷纹或缠枝纹仅出现于圈足。A 组豆为成化二十三年制作，I 组豆为嘉靖丁亥年，即嘉靖六年（1527）制作。这两组豆的纹饰虽然相同，但是 A 组豆的纹饰显然要比 I 组豆更加清晰锐利，由此推测 I 组豆或许为 A 组豆翻模的制品。对比两件铸有相同铭文但是纹饰不同的豆柄残器，一件是 S752 柄中部装饰龟背纹，圈足为云雷纹；另一件是 S750 柄中部装饰菱形卍字纹，圈足为云雷纹。两者都有阳文楷书铭文二十字"大明成化丁未三月吉日山东兖州府知府赵兰造"，所以，这一批没有铭文却有相同纹饰的豆大概都是成化二十三年制作的。但是这些豆盖可能不是成化二十三年兖州府学豆的原配，阴刻的铭文未见于铏、簋、簠。并且，从公布的资料可以看出，有的豆盖尺寸明显要比口沿小一圈。因此，有"兖府文庙祭器"阴文的豆盖为后来的补配，有阳文的原豆盖可能早已散失。

　　山东巨野县博物馆收藏有成化二十三兖州府学豆，[1] 通高 16.2 厘米，口径 14.9 厘米，底径 12.2 厘米，重 2 300 克（图 27）。柄中部同样有二十字阳文楷书铭文"大明成化丁未三月吉日山东兖州府知府赵兰造"。其形制、纹饰与 A 组豆相同，已经失盖。这是兖州府学在成化二十三制作的这一批祭器中流散在外的一件。孔子博物馆收藏的正德十二年阙里豆（图 28）与之形制、纹饰基本相同，腹部和柄部装饰菱形卍字纹，圈足装饰云雷纹。在盖面第三层的方形框内铸有六字阳文楷书铭文"知府罗凤督造"，柄中部的方形框铸有十六字阳文楷书铭文"阙里祭器，正德丁丑冬吉，知府罗凤督造"。正德丁丑年，即正德十二年（1517），由此体现了明代中期山东地区礼器制作的标准化特征。然而，济南市博物馆收藏的成化九年临邑县学豆[2]（图 29）却与之不同，其形制沿袭了《绍熙州县释奠仪图》的"豆"，柄部下端逐渐外侈，只不过没有图谱中的矮圈足。《頖宫礼乐疏》的图谱样式则与之相同，虽然该书成书于万历朝，但是礼器图谱可能具有明代早中期的礼器因素。

图 27

图 28

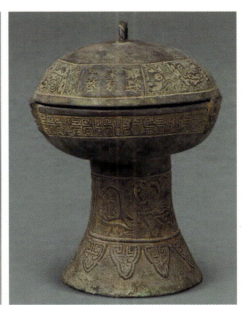

图 29

[1] 布明虎、魏洋洋：《明成化丁未年兖州府学文庙铜豆初探》，《收藏家》2022 年第 5 期。
[2] 布明虎、杨春纯：《明成化九年临邑县文庙祭祀礼器初探》，《文物鉴定与鉴赏》2020 年第 7 期（下）。

登，3件。其形制基本相同，盖沿和口沿均为方唇，盖面隆起作三层阶梯状，盖顶中心设宝珠形钮，盖内侧均匀分布有三齿。浅腹平底，腹壁斜收，柄部较短，中部有一周凸起的箍棱。高圈足整体作钟形，圈足上端为圆柱体，下端逐渐外侈，底部有折沿。但是三件器物的局部纹饰和铭文各有不同，可以分为三组。A组登S446通高26.4厘米，口径14.6厘米（图30）。腹部装饰方折的云雷纹，圈足上端装饰菱形卍字纹，下端装饰弦纹和缠枝纹。盖面光素，中间第二层阴刻有六字楷书铭文"兖府文庙祭器"。圈足上端一侧的方形框内铸有阳文二十字楷书铭文"大明成化丁未三月吉日山东兖州府知府赵兰造"。B组登S447通高27厘米，口径15.4厘米（图31）。腹部装饰以云雷纹为地纹的三组祥云纹，圈足上端装饰菱形卍字纹，下端装饰弦纹和缠枝纹。盖面第三层装饰有龟背纹，中间方形框内铸有阳文六字楷书铭文"兖府文庙祭器"。柄中部方形框铸有阳文十二字楷书铭文"大明成化丁未三月吉日山东"，另在后面补刻八字"兖州府知府赵兰造"，字迹刻划较浅。C组登S459通高25.8厘米，口径15.3厘米（图32）。其纹饰与B组登相同，只是器盖光素且没有铭文。

图30   图31   图32

明代礼器图谱中虽然都有"登"，但是《绍熙州县释奠仪图》并无"登"。其名称和形制主要来自《三礼图》的礼器图谱，郑玄注称"豆，以木为之；笾，以竹为之"，梁正、阮谌注称"登，以瓦为之"。《大明集礼》称"三豆殊名，其制无异"，其中"豆"和"登"皆可范铜为之，唯尺寸和纹饰有所差异。《阙里志》中"豆"和"登"的区别主要表现为矮圈足和高圈足，《頖宫礼乐疏》中"豆"和"登"的区别主要表现为弇口弧壁和直口斜壁。成化二十三年兖州府学豆的折沿高圈足样式，在《阙里志》中称作"登"。成化二十三年兖州府学登的钟形圈足却未见于这个时期的礼器图谱，可能是模仿明代瓷器的样式。由此可见，明代的"豆"和"登"没有固定的器物形制，圈足样式并不是作为区分两种器物的主要标志，而是应该依据口沿和腹壁的形制特点。

爵，64件。其形制基本相同，元宝状口沿微敛，流尾齐平，流部略短，尾部略长，流尾下部弧收稍有鼓起。浅腹圜底，腹壁斜收，形成上大下小的造型。腹部一侧设有方形鋬，方形鋬上端的口沿两侧设有短细柱，柱顶为珠形帽。圜底下置三个外撇的四棱锥足，足部较细，足尖着地。按照纹饰和铭文的不同，可以分为九组。A 组 42 件，B 组 1 件，C 组 9 件，D 组 2 件，E 组 1 件，F 组 2 件，G 组 1 件，H 组 4 件，I 组 2 件。另有 2 件素面的爵腹，器形完整且没有残损，但是缺少鋬、双柱和三足，可能是作为翻范的母模或是尚未铸造完成的半成品。

A 组爵 S634 通高 16.4 厘米（图 33）。腹部装饰方折的雷纹，腹部一侧的方形框内铸有阳文楷书铭文二十字"大明成化丁未三月吉日山东兖州府知府赵兰造"。尾部下端的方形框内铸有阳文楷书铭文二字"文庙"。B 组爵 S630 通高 16.7 厘米（图 34）。纹饰与 A 组爵相同，但是腹部一侧设置铭文的地方留白，应是留待于补刻铭文，并且在尾部下端刻有方形框和阴文楷书铭文二字"文庙"。C 组爵 S638 通高 16.1 厘米（图 35）。纹饰与 A 组爵相同，腹部一侧同样有阳文楷书铭文二十字"大明成化丁未三月吉日山东兖州府知府赵兰造"。但是尾部下端的"文庙"二字却是阴刻的楷书铭文。D 组爵 S605 通高 16.2 厘米（图 36）。纹饰与 A 组爵相同，腹部一侧补刻有阴文楷书铭文二十字"大明成化丁未三月吉日山东兖州府知府赵兰造"。尾部下端的方形框内铸有阳文楷书铭文二字"文庙"。E 组爵 S653 通高 17.1 厘米（图 37）。腹部装饰菱形卍字纹，铭文磨砺不清。F 组爵 S650 通高 16.6 厘米（图 38）。

图 33

图 34

图 35

图 36

图 37

图 38

图 39　　　　　　　　　　　　图 40　　　　　　　　　　　　图 41

纹饰和腹部铭文与 A 组爵相同，但是尾部下端的方形框内铸有阳文楷书铭文三字"帝君庙"。G 组爵 S610 残高 11.3 厘米（图 39）。腹部有两道凸起的箍棱，中间装饰有菱形卍字纹。腹部一侧刻有阴文楷书铭文二十字"大明成化丁未三月吉日山东兖州府知府赵兰造"。尾部下端刻有阴文楷书铭文四字"文庙祭器"。H 组爵 S644 通高 16.3 厘米（图 40）。长流上翘，方形鋬下出尾，腹部装饰有龟背纹。腹部一侧的方形框内铸有阳文楷书铭文二十字"大明嘉靖丁亥兖州知府俞智造"。尾部下端铸有阳文楷书铭文二字"文庙"。I 组爵 S637 通高 18.2 厘米（图 41）。兽首形鋬，双柱中段装饰一周凸弦纹，柱帽残失。腹部装饰龟背纹，没有铭文。

　　成化二十三年兖州府学爵与《阙里志》"爵"（图 42）的造型相同，应该为《阙里志》"爵"图谱样式的直接

图 42

来源。《大明集礼》和《頖宫礼乐疏》的"爵"流尾两端皆为上翘的造型，仍是延续《绍熙州县释奠仪图》的图谱样式。然而，嘉靖六年兖州府学爵的尾部开始出现上翘的变化，体现了《大明集礼》图谱样式对这个时期礼器制作的影响。兖州府学 A 组爵、B 组爵、C 组爵和 D 组爵的形制、纹饰、铭文全部相同，只是铭文的制作方法有差异。有的是铸，有的是刻，还有铸刻两种相结合。目前还没有资料能够揭示为什么会出现这种现象，大致推测刻铭的祭器可能是一种补充性的行为。

　　兖州府学 F 组爵同样为"大明成化丁未三月吉日山东兖州府知府赵兰造"，但是供奉的地点却在"帝君庙"。《明史·诸神祠》记载："梓潼帝君者，记云：'神姓张名亚子，居蜀七曲山。仕晋战没，人为立庙。唐宋屡封至英显王。道家谓帝命梓潼掌文昌府事及人间禄籍，故元加号为帝君，而天下学校亦有祠祀者。'"[1] 由此可知，"帝君"即文昌帝君，亦称梓潼帝君。根据文献记载，兖州府学文庙建筑群中设有文昌祠。《（康熙）兖州府学》记有："庙制：大成殿五间，两庑各十间……启圣祠三间，在大

---

[1]（清）张廷玉等：《明史·礼志》卷五十，中华书局，1974 年，第 1308 页。

成殿西北，明移东南，后建文昌祠。"[1]《（乾隆）兖州府志》记有："文昌祠，头门一座，正殿三间，文昌帝君像铁铸成。"[2] F 组爵为文昌祠祭祀的专用礼器，仍属于文庙祭祀用器的范畴。

二、兖州府儒学祭器的礼制观念

明代的兖州府下辖兖州、济宁州、东平州、沂州共四州二十三县二十七城，包括现今山东省聊城、济宁、菏泽、泰安、临沂、枣庄六个地市的三十余县（市）。京杭大运河穿过兖州府境内，不仅带来了大量的移民，繁荣了当地的经济，还促进了南北物质文化的交流。《（乾隆）兖州府志》记载："兖州府儒学在城内西北隅，旧在府治东南。唐大中十三年（859）兖海观察使刘莒创建。宋景祐三年（1036）孔道辅守兖重修，同知泰宁节度使赵袭重修。元至元二十三年（1286）知府马琰重修，皆为州学。明洪武十八年（1385）封建鲁藩，升州为府，移建今处，殿庑门堂视旧加廓。景泰三年（1452）知府平阳郭鉴重修。成化二十三年（1487）知府泾阳赵兰重修，并制铜铁祭器若干。弘治七年（1494）知府灵宝许进重修。嘉靖十年（1531）知府永新刘梦诗重修。隆庆二年（1568）知府张文渊重修。天启四年（1624）知府孙朝肃重修。俱有碑记。"[3]

这批兖州府学祭器的出土地兖州东御桥小学，民国年间为"红万字会小学"。这处窖藏与原兖州府学文庙旧址呈对角线分布，一个在城东南，一个在城西北，二者直线距离 1.5 千米。兖州府学文庙于民国年间被部队占用，至民国三十七年（1948）毁于战火。有学者推测，这段时间文庙祭孔礼仪受到很大影响，这些礼乐器也是这段时间为躲避战乱而被转移到其他地方保存。埋藏的时间大概为民国二十七年（1938）日军占领兖州之前，或在民国三十七年（1948）兖州解放前。[4]

根据兖州府儒学祭器的铭文可知，这批祭器制作于明清两代的不同时期。然而，明代祭器主要集中于三个时期。

一、成化二十三年（1487）知府赵兰主持铸造。赵兰，字廷绮，陕西西安府泾阳县人，成化十八年（1482）至弘治二年（1489）任兖州府知府。方志文献中记载了赵兰在其任内铸造兖州府学祭器的相关情况。《（康熙）兖州府志》记录赵兰铸造器物数量为 1 105 件，"其铸簠、簋、笾、豆、罍、爵之器以铜，铜以斤计者凡二千七百有奇；其铸香炉、花瓶、烛台之器以铁，铁以斤及者凡一千五百七十有奇；经始于成化丁未之秋，落成于弘治戊申"。[5] 弘治戊申即弘治元年（1488），赵兰督造礼器历时一年方成。《（乾隆）兖州府志》记："祭器，铜香炉五个，铁香炉十五个，铁烛台三十二个，铁花瓶八个，铜爵八十个，铜簠二十个，铜簋八个，铜笾十九个，铜豆二百五十四个并盖，铜罐五个，共四百四十六件。明成化二十三年知府泾阳赵兰创置。万历三十八年知府吴汝显查器多残缺，捐俸重修。"[6] 这段文献表明赵兰铸造的器物为 446 件，其总数大为减少，可能反映的是当时祭器留存的情况。铁器

[1]（清）张鹏翮纂修：《（康熙）兖州府志·学校志》卷十四，康熙二十五年（1686）刻本。

[2]（清）陈顾瀚纂修：《（乾隆）兖州府志·学校志》卷十四，《中国地方志集成·山东府县志辑》，凤凰出版社，2004年，第302页。

[3]（清）陈顾瀚纂修：《（乾隆）兖州府志·学校志》卷十四，《中国地方志集成·山东府县志辑》，第301页。

[4] 董涛：《兖州明清府学文庙祭祀礼乐器窖藏》，《东方博物》第80辑，2022年。

[5]（清）张鹏翮纂修：《（康熙）兖州府志·学校志》卷十四，康熙二十五年（1686）刻本。

[6]（清）陈顾瀚纂修：《（乾隆）兖州府志·学校志》卷十四，《中国地方志集成·山东府县志辑》，第302页。

图 43

今已不见，铜爵和铜豆的数量与考古发现大体相符。但是铜簋的数量却超过文献记载，并且也没有发现文献记载中的铜笾。青岛市博物馆收藏有成化九年临邑县学笾[1]（图43），这种直口大浅盘的器物为"笾"的标准造型。因此，兖州府学登并非方志文献记载的"笾"，而是在数量上归入了有盖的"豆"。

二、嘉靖六年（1527）知府俞智主持铸造。俞智，当涂人，嘉靖四年（1525）至嘉靖十四年（1535）任兖州府知府，官至布政使。其任内铸造兖州府学祭器的事情在方志文献中并无记载，可以补充史料之阙。明武宗正德五年（1510），河北霸州文安一带爆发了刘六、刘七领导的农民起义。农民起义持续时间近两年，转战于冀、鲁、豫、晋等八省区，对当时社会造成了很大影响。起义军曾突袭兖州、曲阜等地，砸毁孔庙以及祭器。《（乾隆）曲阜县志》记载："（正德）六年，春三月，盗入城，犯阙里。盗刘六、刘七寇山东。以二月二十七日自邹县地方至兖州东关外，肆行烧劫。按察司分巡东兖道佥事潘珍率兵防守。贼突入曲阜县焚官衙民居，杀民人，掠妇女，虐焰所及，不崇朝县治为墟。是夕移营犯阙里，秣马于庭，污书于池，祭器亦被残毁，又焚洙泗讲堂之门。次日乃去。"[2]可能是由于这次动乱，兖州府学祭器遭受巨大损失，俞智上任以后开始增补祭器。

三、万历元年（1573）铸造。根据方志文献，时任知府为朱文科，具体情况不详。方志文献中还有万历三十八年（1610）知府吴汝显铸造祭器的记载，但是在这批祭器中并未发现相关铭文。吴汝显铸造祭器是继赵兰之后规模最大的一次，由此推测那么多刻铭"兖府文庙祭器"或"文庙"的器物，或许就是这次补充的祭器。

明初，统治者重视儒家思想和礼仪文化。洪武十五年（1382）朱元璋诏令天下春秋仲月通祀孔子，后颁布释奠先师孔子仪注于天下府州县学，规定释奠礼由各级正官执行。《太祖实录》记载："（洪武十五年夏四月）丙戌，诏天下通祀孔子，赐学粮，增师生廪膳。上谕礼部尚书刘仲质曰：'孔子明帝王之道以教后世……其功参于天地。今天下郡县庙学并建，而报祀之礼止行京师，岂非阙典？卿与儒臣其定释奠礼仪，颁之天下学校，令以每岁春秋仲月通祀孔子。'"[3]又载："（洪武十五年五月）是月，颁释奠先师孔子仪注于天下府、州、县学。先师孔子位……府州县各以正官行之，有布政司则以布政司官行，其分献则以本学儒职及老成儒士充，十哲两庑一献祭服则主祭陪祀官与执事者服之，陪祀儒士则用深衣幅巾，每岁以春秋二仲月上丁日行事。"[4]

明太祖考订礼乐制度，根据被祭祀者的地位，采用不同规模的祭典，将明代的祭祀仪式分为大、中、小三种。

[1] 胡可佳、罗琦：《青岛市博物馆藏明成化祭祀礼器初步研究》，《东方博物》第80辑，2022年。

[2]（清）潘相纂修：《（乾隆）曲阜县志·通编》卷二十九，《中国地方志集成·山东府县志辑》，凤凰出版社，2008年，第222页。

[3]《太祖实录》卷一百四十四，《明实录》，"中研院"历史语言研究所，1962年，第2263—2264页。

[4]《太祖实录》卷一百四十四，《明实录》，"中研院"历史语言研究所，1962年，第2282—2283页。

《明史·礼志》记载："明初以圜丘、方泽、宗庙、社稷、朝日、夕月、先农为大祀，太岁、星辰、风云雷雨、丘镇、海渎、山川、历代帝王、先师、旗纛、司中、司命、司民、司禄、寿星为中祀，诸神为小祀。后改先农、朝日、夕月为中祀。凡天子所亲祀者，天地、宗庙、社稷、山川。若国有大事，则命官祭告。其中祀小祀，皆遣官致祭，而帝王陵庙及孔子庙，则传制特遣焉。"[1] 由此规定祭祀孔子的释奠礼为中祀，国学所用祭器和祭品的规格要高于地方各府州县。《明史·礼志》记有："（洪武）四年，礼部奏定仪物。改初制笾豆之八为十，笾用竹。其簠簋登铏及豆初用木者，悉易以瓷。……凡府州县学笾豆以八，器物牲牢皆杀于国学。"[2] 成化朝改制以前，国学十笾十豆，乐舞六佾，天下府州县学八笾八豆。

正统时期，明初制定的一系列礼乐制度逐渐走向了衰落。这个局面引发了成化朝士大夫的关注和担忧，纷纷就礼乐制度的废弛进行谏言，以求恢复礼乐秩序。成化十二年（1476），国子监祭酒周洪谟奏请增加释奠礼的笾豆佾舞之数。将十笾十豆增为十二笾十二豆，增舞六佾为八佾，以完善祭孔礼制。调整乐与舞的位置，恢复古乐舞之制。《宪宗实录》记载："（成化十二年六月）国子监祭酒周洪谟等奏：'臣闻近日建言者或欲加孔子封号，或欲封孔子为帝，要见本朝尊崇先圣之意，以备一代之制。臣按，宋元加大成至圣云者，不过言集群圣之大成耳，初不见圣人化泽流行于后世之意，若欲形容圣人道德之妙、化泽之远，必须以圣神广运为词，盖此四字惟孔子足以当之。如尧之德，非不广运也，而止于百年；舜之德非不广运也，而止于一世，惟孔子圣功神化，流被万代，此所以贤于尧舜也……殊不知夏商周之称王，犹唐虞之称帝，因时制宜，非有降杀，是前代之王，天子之称王者也。后世之王，藩国而称王者也。若谓孔子周人，当用周制，止宜称王，不必称帝，犹之可也。若谓孔子陪臣，不当称帝，则非崇德报功之意矣……今圣朝孔子冕十二旒、衣十二章，其冕服既用天子之礼，而笾豆则非天子之制，六佾亦非天子之乐，乞敕礼部会官计议，或加美谥，或封帝号，如不加封，或以大成至圣四字易为圣神广运之类，如不封帝，或表明孔子周人，当依周制，其所封乃当时天王之王，非后世国王之王。况今既用天子冠冕、章服，则亦当用天子笾豆、佾舞，宜增十笾十豆为十二笾十二豆，增六佾之舞为八佾之舞，使天下后世知圣朝尊崇先圣而报其功者。既正以天王位号，复祀以天子礼乐，与唐宋元之所封位号不同，而礼乐亦无不称也。又乐舞之制，古者鸣球琴瑟，堂上之乐，笙镛柷敔，堂下之乐，而干羽舞于两阶，今舞羽反居乎上，乐器反居乎下，殊失古制。仍乞礼部令典乐者序诸乐于上，舞佾于下，为当事。'"[3]

然而，周洪谟的奏请却遭到礼部官员的反对。宪宗皇帝采纳了礼部奏请，最终驳回了周洪谟的请求。三个月后，周洪谟再次上疏，复请增加笾豆、佾舞之数如天子之数："'臣窃以为，孔子自唐开元封为文宣王，被以衮冕，乐用宫悬，当时衮冕虽通乎上下，而宫悬者，天子之乐也。乐既用天子之宫悬，服必用天子之衮冕，是唐之奉孔子已用天子礼乐矣。宋承五代衰敝之制，至徽宗，始加冕为十二旒。元时孔子庙貌遍于天下，而被以天子衮冕。圣朝因之，则孔子服冕已用天子之礼，佾舞止用诸侯之乐，以礼论乐则乐不备，以乐论礼则礼为僭。乞敕廷臣计议，增笾豆为十二，佾数为八，则佾舞与冕服相称，礼明乐备，可以格圣灵、厚风化、补前代缺略之典，备圣朝尊崇之制。'疏入，上曰：'尊崇孔子乃朝廷盛典，宜从所言，其笾豆、佾舞俱如数增用，仍通行天下，悉遵

[1]（清）张廷玉等：《明史·礼志》卷四十七，中华书局1974年，第1225页。
[2]（清）张廷玉等：《明史·礼志》卷五十，第1296—1297页。
[3]《宪宗实录》卷一百五十四，《明实录》，第2834—2838页。

此制。'"[1]

周洪谟将完善祭孔礼仪制度推崇到"补前代缺略之典，备圣朝尊崇之制"的高度。这次上疏获得了宪宗皇帝的采纳，并于次年春得以实施。《宪宗实录》记载："（成化十三年春正月）己巳，以增孔子笾豆乐舞之数。遣兵部尚书兼翰林院学士商辂告文庙，翰林院学士王献告于阙里。"[2] 周洪谟的两次上疏，旨在提高祭孔礼制的规格。所以，在成化朝出现了大规模制作铜礼器的风气。这不仅是对明代祭祀礼乐制度的完善，更是欲借孔子之名崇扬师道，体现了当时士大夫欲以师道规范君道，积极参与建设礼乐制度的态度。

成化朝，以周洪谟为代表的士大夫极大提高了儒学的地位，明代文庙的祭祀仪礼制度发展到顶峰。随之也产生了一些问题，比如在文庙祭祀中出现的僭越、悖礼现象。弘治二年（1489 年）四月，山东兖州府知府赵兰针对民间祭孔僭越的现状上疏："山东兖州府知府赵兰陈六事：一请定礼乐，谓孔子庙在国子监者，皇上或躬临致祭，或遣官代祭，是以天子祭先师，器用十二笾豆，舞用八佾，宜也，其天下郡县庙学，岂可僭用此等礼乐以祭？乞议处之……命所司知之。"[3] 明初所定国学与府州县学祭器规格等级有差的情况在此时发生了变化。府州县学所用笾豆祭器的规格等同于国学，俱为天子祭孔礼仪。赵兰认为这属于僭越行为，并请求恢复等级有差的旧制。其谏言得到了孝宗皇帝的采纳，反映了弘治朝士大夫对祭孔礼制的规范态度和复古意识。

嘉靖九年（1530）大学士张璁根据世宗皇帝旨意拟出孔子祀典改制提案交礼部，会内阁、詹事府、翰林院诸臣议正："人以圣人为至，圣人以孔子为至。宋真宗称孔子为至圣，其意已备。今宜于孔子神位题至圣先师孔子，去其王号及大成、文宣之称，改大成殿为先师庙，大成门为庙门。其四配称复圣颜子、宗圣曾子、述圣子思子、亚圣孟子。十哲以下凡及门弟子，皆称先贤某子。左丘明以下，皆称先儒某子，不复称公侯伯。遵圣祖首定南京国子监规制，制木为神主，仍拟大小尺寸，著为定式。其塑像即令屏撤。春秋祭祀，遵国初旧制，十笾十豆。天下各学，八笾八豆。乐舞止六佾。"[4] 这次改制取消了孔子"文宣王"的称号，只称"至圣先师"。大成殿改称先师庙，庙里毁塑像，用木主，去章服。祭器规格降为国学十笾十豆，府州县学八笾八豆，乐舞六佾。由此可见，嘉靖朝的改制只是推翻成化新制，将祭孔礼制回归到洪武时期。

由于"大礼议"的深层矛盾，嘉靖朝对孔子祀典规格进行降杀，体现了世宗皇帝与士大夫争夺道统的斗争，这对明代晚期的礼乐制度产生了重要影响。明世宗以藩王入主大统，对其父兴献王追加皇帝之礼，为的是通过礼制重塑帝系正统，变小宗为大宗，为自己继承皇位提供天然合法性。世宗皇帝通过降杀祭孔的礼制，以君道压制师道来表明道统应该屈服于君统之下。《世宗实录》记载："（嘉靖九年十一月）君父有兼师之道，师决不可拟君父之名。孔子本臣于周，与太公望无异。所传之道，本羲、农之传，但赖大明之耳，否则不必言祖述尧舜。"[5] 世宗皇帝宣称君统才是道统所在，君可以兼任师，而师不可僭君。从兖州府儒学祭器可以看出，嘉靖朝制作礼器的数量不多，主要在嘉靖九年改制以前。自此以后，明代祭孔仪轨逐渐废弛，制作礼器的数量远不及成化朝。

[1]《宪宗实录》卷一百五十七，《明实录》，第 2870—2872 页。

[2]《宪宗实录》卷一百六十一，《明实录》，第 2953 页。

[3]《孝宗实录》卷二十五，《明实录》，第 574—575 页。

[4]（清）张廷玉等：《明史·礼志》卷五十，第 1299 页。

[5]《世宗实录》卷一百一十九，《明实录》，第 2824 页。

三、结语

明宪宗在《御制重修孔子庙碑》中阐述了儒家思想在巩固统治、教化百姓、维护社会稳定和维系社会风俗中所发挥的作用:"朕惟孔子之道,天下一日不可无焉。何也?有孔子之道则纲常正而伦理明,万物各得其所矣。不然,则异端横起,邪说纷作,纲常何自而正,伦理何自而明,天下万物又岂能各得其所哉?是以生民之休戚系焉,国家之治乱关焉!有天下者,诚不可一日无孔子之道也……呜呼!孔子之道之在天下,如布帛菽粟,民生日用不可暂缺,其深仁厚泽,所以流被于天下后世者信无穷也。"[1] 庙学是传承儒家文化的重要场所,是中国礼制思想和实践活动的重要组成部分。

从整体来看,明代文庙释奠礼历经成化朝和嘉靖朝两个变革阶段,在礼制思想和祭器规格等方面均发生较大变化。兖州府儒学祭器的制作年代跨越了这两个重要阶段,体现了鲜明了时代特征。成化二十三年兖州府学祭器成为弘治年间《阙里志》图谱样式的直接来源,表现出与《大明集礼》《頖宫礼乐疏》等明代晚期礼器图谱的诸多不同之处。嘉靖六年兖州府学祭器代表了嘉靖朝改制之前的礼制观念,还可以发现受到《大明集礼》图谱样式影响的某些因素。兖州府儒学祭器作为北方地区文庙祭器体系的重要代表,为明代文庙礼器在不同时期、不同地域的多样性提供了重要研究价值。

---

[1] 骆承烈汇编:《石头上的儒家文献——曲阜碑文录》,齐鲁书社,2001年,第402页。

"洪武乙酉" 铭铜炉初探

布明虎　山东博物馆

　　山东博物馆藏有一件"洪武乙酉"铭绹纹耳鼎式铜炉，1954 年由山东省文管会移交入藏。铜炉敛口、折沿、束颈、鼓腹，下承三足。上有双绹纹耳，由三股扭绞金属条组成，呈螺旋状，牢固连接于口沿。腹部弦纹带内饰有交织的菱形几何图案，内填云雷纹，每组菱形纹中央点缀一朵梅花，共 12 朵。外底方框内有"洪武乙酉年造"六字楷书款。高 8.9 厘米，口径 12 厘米（图 1）。

图 1　"洪武乙酉"铭绹纹耳鼎式铜炉及其外底款

一、便携式荧光光谱仪成分检测与结果分析

　　铜炉深黑色皮壳，表面因长期氧化形成了均匀的包浆，形制与常见元代铜炉相似。[1] 然而，外底款识周围可见明显的方形痕迹，疑似底款曾经历挖补替换。为验证铜炉的材料成分及款识区域的真实性，我们采用便携式荧光光谱仪和 X 射线探伤，对选取的不同点位和底款位置进行了成分检测与探伤分析。

　　成分分析和 X 射线探伤[2] 是评估铜器真实性和修复情况的两项重要技术手段。此种非破坏性的检测方法，能够有效的识别文物内部看不到的信息，已被广泛应用于文物修复和分析。[3]

[1] 袁泉：《新安沉船出水仿古器物讨论——以炉瓶之事为中心》，《故宫博物院院刊》2013 年第 5 期。

[2] 郭少禹：《X 光射线探伤在文物修复中的作用及防护》，《文物修复研究》，2018 年。

[3] 徐军平、宋朋遥、刘靓等：《X 射线探伤成像检测对青铜文物特征的研究——以青岛市黄岛区博物馆馆藏青铜文物检测分析为例》，《中国文物科学研究》2022 年第 4 期。

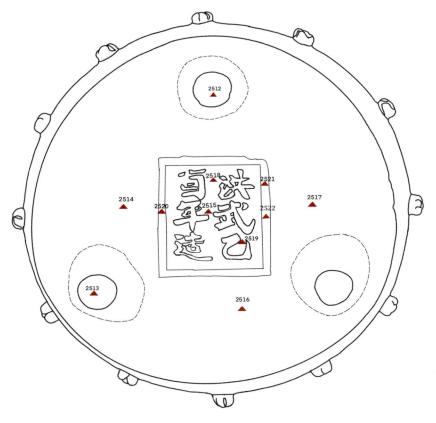

图 2　底部成分检测位置示意图

表 1　成分检测结果示意图

序号	位置	检测号	Cu %	Sn %	Pb %	Sb %	Fe %	Ni %	Zn %	Zr %	Ti %
点 1	口沿	2523	61.03	7.38	29.43	0.53	0.26	0.58	0.70	0.01	未检出
点 2	外腹	2524	64.91	7.33	25.36	0.51	0.56	0.47	0.06	0.02	未检出
点 3	足底	2513	71.12	5.37	21.89	0.37	0.05	0.50	0.57	0.01	未检出
点 4	底款左侧	2514	70.53	7.9	18.96	0.55	0.61	0.49	0.67	0.01	0.02
点 5	底款下侧	2516	50.67	14.53	30.83	0.45	0.66	0.40	0.77	0.01	1.25
点 6	底款右侧	2517	62.26	9.18	23.25	0.55	0.89	0.38	0.83	0.02	1.48
点 7	底款中间	2515	61.41	8.67	26.14	0.55	0.26	0.51	0.78	0.02	未检出
点 8	底款内西字处	2518	60.26	9.07	26.04	0.54	1.59	0.38	0.93	0.04	1.1
点 9	底款内乙字处	2519	59.13	11.15	27.2	0.48	0.41	0.63	0.65	0.01	0.31
点 10	洪字外边缝	2521	36.99	23.52	37.85	0.33	0.32	0.31	0.50	0.01	0.18
点 11	年字外边缝	2520	34.58	26.96	37.04	0.34	0.33	0.31	0.43	0.01	0.18
点 12	武字外边缝焊料	2522	1.65	49.92	48.31	0.11	未检出	未检出	未检出	0.01	未检出

检测结果显示，铜（Cu）和铅（Pb）是主要成分，这符合传统青铜器的特征。铜作为主要成分，提供了较高的硬度与耐久性；铅则改善了铸造性能，增强了器物的可塑性。具体而言，除点10、点11的边缝及点12边缝的焊料外，其他九处检测点中铜含量均超过了50%，尤其是足底，也就是点3铜含量最高，达到了71.12%；铅的含量则在20%—30%之间，显示出其在合金配比中的常见比例；微量元素如铁（Fe）、镍（Ni）、锌（Zn）、锆（Zr）等的分布较为稳定。

方形底款边缝处宽约0.2—0.3厘米，检测到的成分分布与铜炉其他部位存在显著差异，铅（Pb）和锡（Sn）含量显著升高。铅（Pb）含量在点10为37.85%，点11为37.04%；锡（Sn）在点10为23.52%，点11为26.96%；这意味着边缝区域使用了含有较高比例的铅锡焊料进行了修补，这与点12边缝焊料取样结果及肉眼观察的判断是一致的。

综合来看，铜炉整体材料成分，符合传统青铜器的合金特性。然而，边缝处的修补痕迹明显，表现为铜（Cu）含量偏低，铅（Pb）、锡（Sn）含量显著升高，这反映出修补材料与本体材料之间的差异。然而，点7、点8、点9三处成分含量与底款外其他点位非常一致，这是否又意味着底款修补替换时使用了与原材料相同的一批材料，又或者有其他原因？为了解答这一疑问，我们进行了X射线探伤测试，以进一步验证底款修补部分的材质与原材料的一致性。

二、X射线探伤方法与结果分析

为深入了解铜炉底款区域的内部结构，我们采用了X射线探伤技术进行扫描。所用X射线探伤机的电压范围为150—200 kV，曝光时间设定为5秒，分辨率为0.1厘米。通过这种高分辨率的X射线成像技术，能够清晰展示铜炉的内部结构特征，包括焊接痕迹、修补区域以及腐蚀痕迹等。

图3 "洪武乙酉"铭绹纹耳鼎式铜炉及其外底探伤测试图

如图3，X射线图像清晰揭示了铜炉底款区域的多个关键特征。首先，底款的切割、焊接、补铸痕迹清晰可见，反映了流传过程中人为操作的痕迹。其次，图像还显示外底有明显的点蚀痕迹，如武字的"止"笔画处和点5附近，这与炉底非常薄有关。据测量，炉内底最薄处仅0.2厘米。第三，底部有多处发白点，特别是在底款区域内的"乙""酉""年""造"等字处,"酉"字左上方边缝处也可见点蚀痕迹,这表明器物长期受到环境因素的影响。最后,也是最关键的一点,边缝处可见明显的挖凿痕迹,而"酉"字左上角则没有,这表明底款部位与器身是一体的,整体并未经过完全改变。

结合边缝区域的锡(Sn)、铅(Pb)含量显著不同,并伴有明显的焊缝,确认此区域确实进行了修补。修复材料中的锡(Sn)、铅(Pb)成分高于本体,表明修补使用了锡铅焊料。

既然 X 射线探伤明确显示了底款与器物为一体,这就解答了款内外成分检测一致的问题,推翻了此前多年来一直认为的款识是挖补替换而成的传统观点。既然款识并非替换而成,那么它究竟是如何形成的呢?

三、超景深显微镜的观察与认识

我们选用浩视 KH-8700 型超景深显微镜,并结合探伤测试图片对底款文字进行了进一步观察。整个底款呈长方形,边长为 4.2 厘米,宽 3.7 厘米,分为两列,右侧为"洪""武""乙";左侧为"酉""年""造"。右上方的"洪"字与左下方的"造"字笔画稍显苍茫,呈对角呼应,其余四字的笔画厚重饱满,钩画粗壮有力。具体说来,"洪"字三点水的下面两点略有连带,"共"字下的撇点略长,一直延伸到三点水的下部;"武"字重心偏左,横笔不出头,右侧戈钩粗壮有力,形体较长,一直延伸过左侧三分之一的距离;"乙"字线条厚重,圆润饱满,似有颜公意趣;"酉"字缺少左上笔画,右侧横折钩横细竖粗,形体饱满;"年"字字形略扁,横笔较重,竖笔较轻,左宽右窄;"造"字结体紧凑,捺画潇洒飘逸,收笔处修长尖挺,略带魏碑特色。

总体来看,底款的字形存在着不规整现象,字体内部的刻痕在显微镜下愈发清晰,特别是字口边沿明显的磨损和磕碰痕迹,字口底部有清晰的錾刻痕迹,笔划之间有明显的层位差异。此种不均匀的刻痕和笔画深浅的变化,应为錾刻时用力不均所致,也导致 X 射线探测到底款部分有点蚀痕迹。因此可以确认整个款识应属于刻款无疑。至于款外的边框,显然借鉴了铜炉款识的形式,通过挖凿出双线框,整体形成了现在看到器物呈现出的特有样子。由此,整个铜炉底款的秘密就揭开了——铜炉的款识是后刻的。方形边款并非传统认为的挖凿替换的痕迹,而是借鉴铜炉风格的边框形式。然而,那问题也随之而来:既然底款是后刻的,并且有洪武乙酉年的指向,那么这是不是就意味着它确实是洪武乙酉年刻的呢?

四、底款"洪武乙酉年"考证与解读

铜炉的底款标注为"洪武乙酉年造",但实际上,明代洪武年间并没有乙酉年。洪武年间的年份范围从洪武元年的戊申年起,到洪武三十一年的戊寅年止。虽然在朱棣靖难之役后,出于否定朱允炆皇帝正统性的考虑,取消了建文皇帝的年号,将建文四年直接改为洪武三十五年,但乙酉年始终未曾出现。对此,我们进行了数种猜测。

首先,有没有笔误的可能?假设洪武年号无误,以天干"乙"字开头的年份包括"乙卯年""乙丑年"与"乙亥年";而以地支"酉"字结尾的年份则有"己酉年""辛酉年"和"癸酉年"。考虑到"己"与"乙"字形相似,工匠在书写时可能发生的误写,"乙酉年"与"己酉年"最为接近。基于这一推测,猜测这件铜炉的年份或为洪武

"己酉年"，也就是 1369 年。

其次，元明乙酉年款识的可能年份。假设乙酉年是正确的，依据器形，元代和明代的乙酉年曾出现过五次，分别是元代至正五年（1345），以及明代的永乐三年（1405）、成化元年（1465）、嘉靖四年（1525）和万历十三年（1585）。排除元代工匠未卜先知的可能，符合的年份有四个，分别是永乐三年、成化元年、嘉靖四年和万历十三年。由于这种情况较难确定，可能的年份应为永乐三年、成化元年、嘉靖四年或万历十三年中的任何一个。

第三，南明政权的可能性。明末，李自成农民军攻占北京后，崇祯皇帝朱由检自缢身亡。随之，清军入关，明朝的朱氏宗亲为了反清复明，在南方相继建立起多个政权。其中，顺治二年（1645）八月，靖江王朱亨嘉自称监国，改桂林为西京，并废除了自朱元璋以来所有明朝皇帝的年号，重新采用洪武纪年（即洪武 278 年），但很快便被推翻。洪武年号也因此成为使用最久的年号。

明初，朱元璋采取"众建宗亲以藩王室"的政策，将诸王子封为各地藩王。朱元璋的侄孙朱守谦被封为靖江王，藩桂林，此后靖江王世系相传。1645 年为农历乙酉年，朱亨嘉是第十一任靖江王朱履祐的庶长子。在他称帝后，为了彰显自己继承太祖朱元璋的合法性，除称帝改元外，不排除利用前元时期的铜炉，并加刻"洪武乙酉年造"的款识，以此从多个角度宣传其传承之意。有意思的是，"乙酉"年款中的"酉"字，左半部分未写出，可能意味着刻工对朱亨嘉称帝的合法性并不完全支持，暗示着"没有"的含义。这种可能性表明，洪武年号及乙酉年份的刻印，可能是有其历史背景和依据的。

第四，晚清真器伪铭。清代以来，由于宫廷的提倡，青铜器的收藏和研究形成了新的风气，出现了端方、潘祖荫、陈介祺等大家，他们广泛搜罗，推动了对青铜器，特别是有铭文青铜器的需求。在此影响下，一些古董商人为了迎合社会上对铭文的重视，开始在真器上复刻铭文。然而，作伪者缺乏专业知识，导致出现了在元代铜炉上刻凿明代款识的现象，进而暴露出"洪武乙酉"这一破绽。

五、综合分析与结论

通过成分分析和 X 射线探伤，我们确认了铜炉底款与器体的一致性，排除了此前一直认为的款识被切割、补铸的说法。款识并非铸款，而是刻款。刻款的年份很可能为明末清初的 1645 年，尽管这个年份还有待于进一步考证，但保留的原始铸造信息并不影响铜炉整体的真实性。匠人在制作过程中对器物基体进行挖凿，但未完全挖透，后又使用铅锡焊料进行了修补。这一工艺较为复杂，毕竟炉底壁厚有限。加之其背后不确定的历史故事，这件铜炉无疑是一件珍贵的艺术品，具有极高的历史和艺术价值。

本文在写作过程中，得到了许多人的帮助。在此，特向以下单位和个人表示感谢：文物保护部任伟老师对器物做了成分分析；山东文保公司苗蓉蓉等人完成了探伤测试；莱芜职业技术学院李萍萍副教授对底款文字进行了仔细解读；北京大学博士后苟欢通读了全文，并提出了非常好的意见；实习生房静协助完成了成分分析并绘制了底部位置示意图；同事刘玉静对文稿进行了校对。谨此致谢！

附：部分器物成分检测数据表

1. 成化癸巳兽面纹铜簠（山东博物馆藏）（第 1 件）

序号	位置	Cu %	Sn %	Pb %	Zn %	Fe %
2317	外口沿	72.42	9.20	17.06	0.18	0.94
2318	底	74.51	8.67	15.35	0.15	1.06

2. 成化癸巳兽面纹铜簠（山东博物馆藏）（第 2 件）

序号	位置	Cu %	Sn %	Pb %	Zn %	Fe %
2319	顶	61.62	7.69	28.11	0.31	1.94
2320	外口沿	73.78	9.32	15.63	0.27	0.77

3. 成化丁未年铜豆（巨野县博物馆藏）

序号	位置	Cu %	Sn %	Pb %	Zn %	Fe %
2313	口沿	61.29	12.38	24.42	0.18	1.31
2312	柄部	62.91	10.18	26.14	0.19	0.34
2314	底沿	61.69	13.88	23.5.0	0.16	0.22

4. 嘉靖十年文昌帝君铜像（山东博物馆藏）

序号	位置	Cu %	Sn %	Pb %	Zn %	Fe %
2329	左耳	72.38	10.17	15.14	0.33	1.44
2330	右肩	52.05	13.48	30.36	0.36	2.31
2328	左手	50.65	11.81	33.17	0.44	3.16
2327	左膝盖	44.7	11.81	39.37	0.49	2.69
2331	后背铭文	61.93	13.86	20.31	0.38	2.29

5. 清末兽耳铜壶（山东博物馆藏）

序号	位置	Cu %	Sn %	Pb %	Zn %	Fe %
2321	口沿	60.19	3.29	5.56	29.16	1.02
2322	腹部	67.59	3.46	2.73	24.41	1.03
2323	衔环	57.04	1.79	14.99	23.05	2.19
2226	铭文	64.56	3.53	4.87	24.74	1.42

6. "石叟"款铜炉（山东博物馆藏）

序号	位置	Cu %	Sn %	Pb %	Zn %	Fe %
2315	外底	74.74	4.64	16.7	2.83	0.61
2316	足底	77.38	4.86	13.61	2.89	0.67

后 记

十年磨一剑，虽经历了无数的磨砺，最终所获得的，依然是一把锈迹斑斑的铜剑。这段艰难的研究与展示过程充满了挑战，然而，在这一路的坚持与努力中，我深深感受到各方的支持与帮助。

首先，特别感谢馆领导的全力支持。在展览筹备期间，馆长刘延常的精心指挥，副馆长王勇军在孔子博物馆、巨野县博物馆等地的现场协调，挑选展品及解决现场问题，确保了展览的顺利推进。山东博物馆联合孔子博物馆、济南市博物馆、青岛市博物馆、东营市历史博物馆、潍坊市博物馆、青州市博物馆、济宁市兖州区博物馆、滨州市滨城区文物保护修复中心（滨州市滨城区博物馆）、巨野县博物馆等 10 家博物馆，共同举办了全省范围内的第一次晚期铜器专题展览。这一成果离不开领导的积极协调、各家博物馆的鼎力支持及所有同仁的辛勤努力。

其次，感谢亲爱的同事们。在展览筹备期间，馆内各部门工作人员齐心协力，确保了展览的顺利进行。特别是，部门同事不仅帮我通读了展览文稿，还审阅了图录部分的文字，确保展览和图录的高质量完成。大家在各自岗位上的默默奉献，保证了每项工作的顺利推进。

第三，感谢专家团队的大力支持。感谢中国科学院自然科学史研究所的二级教授苏荣誉、上海博物馆的研究员马今洪、浙江省博物馆的研究员王屹峰，他们为文物鉴定及图录出版工作提供了宝贵的专业意见。浙江省博物馆的俞珊瑛与山西博物院的杨勇伟，也在工作中多次给予指导，并与我分享了他们的宝贵经验。

此外，宋政和二年舍利铜盒的文字说明由汶上县博物馆副研究馆员于静撰写，宋代铜钮钟的文字说明由寿光市博物馆研究馆员王德明撰写，另一件宋代铜钮钟的文字说明由聊城市东昌府区博物馆馆员刘莉撰写，清代十面云锣的文字说明由青岛市博物馆的唐铭涓撰写。

六件器物的数据成分检测由文物保护部的任伟完成。

临邑文庙学宫图由杨春纯和布明虎整理，兖州府城图由任世明和布明虎整理。

实习生黄玉瑞、聂菲和李旭冉在展览和图录的筹划与编撰过程中查阅了大量资料，马雯芊绘制了清乾隆夔龙纹铜方炉与清海水瑞兽纹铜方炉线图，房静绘制了明错银兽面纹线图，赵天翼绘制了清瑞兽纹兽耳铜炉的线图。

回顾整个过程，我不断思考晚期铜器研究的突破点。晚期铜器与瓷器之间有着密切的关系，许多器类、纹饰之间存在相通之处，这一发现为我们进一步探索铜器与瓷器的融合与演变提供了新的思路和方向。希望本书能为后续研究提供一些启发，同时也期待未来能够深入挖掘铜器与其他工艺的互动与影响。

图书在版编目（CIP）数据

器以载道：山东晚期铜器的古意与新义 / 山东博物
馆编著 . — 上海：上海古籍出版社，2025.4. — ISBN
978-7-5732-1608-3

Ⅰ . K876.414

中国国家版本馆 CIP 数据核字第 2025ZN4602 号

器以载道——山东晚期铜器的古意与新义
山东博物馆　编著
上海古籍出版社出版发行
（上海市闵行区号景路 159 弄 1-5 号 A 座 5F　邮政编码 201101）
（1）网址：www.guji.com.cn
（2）E-mail: guji1@ guji.com.cn
（3）易文网网址：www.ewen.co
上海雅昌艺术印刷有限公司印刷
开本 787×1092　1/8　印张 35　插页 5
2025 年 4 月第 1 版　2025 年 4 月第 1 次印刷
ISBN 978-7-5732-1608-3

K·3862　定价：580.00 元
如有质量问题，请与承印公司联系